# Trova l'Ar sui Social

*Come corteggiare e sedurre una donna,*
*in modo autentico ed efficace online*

**Tommaso Bellandi**

Il contenuto di questo libro è fornito a scopo informativo e divulgativo. L'autore e l'editore non si assumono alcuna responsabilità per eventuali conseguenze derivanti dall'uso delle informazioni contenute in questo testo. Prima di apportare modifiche alla propria dieta o routine di allenamento, si consiglia di consultare un professionista qualificato.

**A tutti quelli che hanno scritto "ciao" e sono stati ignorati.**

A chi ha confuso l'umorismo con l'imbarazzo, il "visualizzato" con un segnale divino, e il "cuoricino alla storia" con una dichiarazione d'amore.

A chi non sa mai come iniziare, ma sa benissimo come finisce: "visualizza e non risponde".

Questo libro è per voi, esploratori del direct, poeti del messaggio privato, seduttori da tastiera con il cuore (e il pollice) in mano.

Che il vostro prossimo messaggio non finisca nel dimenticatoio, ma in una conversazione vera. O almeno in un match decente.

# INDICE

# INTRODUZIONE

## Perché oggi i social sono il principale strumento di interazione

Viviamo in un'epoca in cui i social network hanno rivoluzionato il modo in cui interagiamo e conosciamo nuove persone. Se un tempo gli incontri avvenivano quasi esclusivamente dal vivo, oggi piattaforme come Instagram, Facebook, TikTok e le app di messaggistica hanno reso possibile connettersi con persone di tutto il mondo in pochi secondi.

I social offrono opportunità infinite: puoi scoprire qualcuno grazie a un commento, una storia, un interesse comune o un algoritmo che suggerisce profili affini. Ma se da un lato il digitale ha reso tutto più accessibile, dall'altro ha introdotto nuove dinamiche e sfide. Il modo in cui ci si approccia online è molto diverso da quello dal vivo e spesso le persone non sanno come muoversi.

Scrivere un messaggio può sembrare semplice, ma emergere in un contesto in cui tutti comunicano è tutt'altro che scontato. Un approccio efficace sui social non significa semplicemente inviare un "Ciao" e sperare nel meglio, ma saper costruire una conversazione in modo autentico, interessante e naturale.

### La differenza tra online e dal vivo: vantaggi e svantaggi

Interagire online offre molti vantaggi rispetto al classico approccio dal vivo. Il primo è sicuramente la possibilità di rompere il ghiaccio senza il peso dell'immediata risposta faccia a faccia. Se nella vita reale l'ansia del rifiuto può frenare, dietro uno schermo si ha più tempo per pensare a cosa dire e per costruire un messaggio che susciti interesse.

Inoltre, i social permettono di connettersi con persone che nella quotidianità sarebbe difficile incontrare. Puoi avvicinarti a qualcuno che vive lontano, condividere passioni con chi ha interessi simili ai tuoi e costruire relazioni senza essere limitato dalla geografia.

Ma la comunicazione digitale presenta anche delle difficoltà. Il primo limite è la mancanza di linguaggio non verbale: nel mondo reale, il tono della voce, lo sguardo e i gesti giocano un ruolo fondamentale nel creare attrazione. Online, tutto si riduce a parole e immagini, il che rende più difficile esprimere la propria personalità in modo efficace.

Un'altra sfida è il sovraccarico di stimoli. Le persone ricevono decine di messaggi ogni giorno e farsi notare diventa complicato. Per questo, scrivere un semplice "Ehi" non basta: bisogna costruire un'interazione che catturi l'attenzione e stimoli una risposta.

## L'importanza di un approccio autentico e rispettoso

Uno degli errori più comuni nell'approccio online è pensare che servano tecniche infallibili o frasi preconfezionate per ottenere attenzione. La verità è che ciò che funziona davvero è un'interazione sincera, basata sul rispetto e sull'autenticità.

Molti credono che per attrarre qualcuno sia necessario impressionare con battute forzate, complimenti esagerati o messaggi ripetitivi. In realtà, le persone non vogliono essere trattate come un obiettivo da conquistare, ma desiderano conversazioni genuine, spontanee e rispettose.

Un approccio autentico significa essere se stessi, senza cercare di forzare un'immagine che non ci appartiene. Significa saper leggere i segnali di interesse, rispettare i tempi dell'altra persona e costruire un dialogo naturale senza pressioni.

Questo libro non ti insegnerà trucchetti per "rimorchiare" o strategie di manipolazione. Al contrario, ti aiuterà a migliorare il modo in cui comunichi online, rendendo le interazioni più fluide, piacevoli ed efficaci.

Attrarre qualcuno non è una questione di formule magiche, ma di saper instaurare un dialogo interessante. Il vero obiettivo è costruire connessioni di valore, partendo da una comunicazione sincera e consapevole.

## A chi è rivolto questo libro

Questo libro è pensato per chi vuole migliorare il proprio modo di approcciarsi sui social senza risultare banale o invadente. Se hai difficoltà a rompere il ghiaccio, se le tue conversazioni si spengono rapidamente o se non sai come distinguerti in mezzo a tanti, allora sei nel posto giusto.

Ti sarà utile se:

- Vuoi imparare a scrivere messaggi più efficaci e coinvolgenti.
- Ti trovi spesso bloccato in conversazioni che non decollano.
- Non sai come avviare un dialogo senza sembrare scontato o noioso.
- Desideri distinguerti senza risultare invadente.
- Vuoi sviluppare maggiore sicurezza nella comunicazione digitale.

Che tu sia alle prime armi o già esperto, questo libro ti aiuterà a rendere le tue interazioni più autentiche e piacevoli, evitando gli errori più comuni e valorizzando al massimo la tua personalità.

Esploreremo insieme come avviare una conversazione nel modo giusto, come mantenere vivo l'interesse e come creare connessioni reali. Se sei pronto a migliorare il tuo approccio sui social e a comunicare in modo più naturale e sicuro, allora questo è il punto di partenza perfetto.

# Capitolo 1: Costruire un profilo attraente e autentico

## L'importanza della prima impressione online

Nel mondo digitale, la prima impressione si gioca in pochi secondi. A differenza di un incontro dal vivo, dove contano il linguaggio del corpo e il tono di voce, sui social media il primo impatto è affidato esclusivamente alle immagini e alla presentazione del profilo. Un buon profilo può suscitare interesse e curiosità, mentre uno trascurato o poco curato rischia di chiudere ogni possibilità di interazione ancor prima di iniziare.

Pensaci: quando incontri qualcuno per strada, le prime cose che noti sono il suo stile, il suo atteggiamento e il modo in cui si presenta. Lo stesso accade online. Il tuo profilo è la tua vetrina, il biglietto da visita con cui ti mostri al mondo. Se è attraente, coerente e autentico, aumentano le probabilità di attirare l'attenzione giusta.

Ma cosa rende un profilo interessante? La chiave sta nel trovare un equilibrio tra autenticità e valorizzazione della propria immagine. Non si tratta di inventare una versione di sé perfetta o irraggiungibile, ma di mettere in luce i propri punti di forza in modo genuino e accattivante.

Un profilo ben costruito trasmette immediatamente informazioni su chi sei e cosa ti appassiona, senza bisogno di troppe spiegazioni. Se vuoi attrarre persone in sintonia con te, devi rendere evidente la tua personalità già dalla tua biografia e dalle immagini che scegli di condividere.

In questo capitolo vedremo come ottimizzare il tuo profilo per renderlo più interessante e autentico, evitando gli errori più comuni e valorizzando al meglio la tua immagine. Preparati a costruire una presenza online che ti rappresenti al meglio e che ti aiuti a creare connessioni autentiche.

# Foto profilo e galleria: cosa funziona e cosa evitare

La foto profilo è il primo elemento che cattura l'attenzione quando qualcuno visita il tuo profilo. È il tuo biglietto da visita digitale e può fare la differenza tra suscitare curiosità o venire ignorato. Una buona foto trasmette sicurezza, personalità e autenticità.

Il primo errore da evitare è l'uso di immagini sfocate, troppo scure o con filtri eccessivi. Anche le foto di gruppo possono essere controproducenti: se chi visita il tuo profilo non riesce a capire chi sei a colpo d'occhio, probabilmente passerà oltre. Meglio scegliere un'immagine chiara e luminosa, in cui il tuo volto sia ben visibile e possibilmente con uno sfondo neutro o interessante, ma non caotico.

Un altro aspetto importante è l'espressione. Evita pose troppo rigide o esageratamente studiate. Un sorriso spontaneo trasmette più sicurezza di un'espressione forzata o troppo seria. Se il tuo obiettivo è mostrare un lato più intrigante e affascinante, puoi optare per un'espressione rilassata e naturale, ma senza eccedere nella teatralità.

Oltre alla foto profilo, anche la galleria gioca un ruolo fondamentale. Il feed del tuo profilo deve raccontare qualcosa di te, senza essere monotono o troppo costruito. Evita di riempirlo con solo selfie o, al contrario, con immagini che non ti rappresentano minimamente.

Le migliori gallerie alternano diversi tipi di contenuti: foto personali, momenti della tua quotidianità, passioni, viaggi o hobby. Questo aiuta chi visita il tuo profilo a farsi un'idea di chi sei e di cosa ti interessa. Mostrarti attivo, dinamico e con una vita ricca di esperienze interessanti ti renderà più attraente agli occhi degli altri.

Tuttavia, c'è una sottile linea tra il mostrare il proprio valore e cadere nell'ostentazione. Un profilo pieno di foto in palestra o con macchine costose potrebbe risultare poco autentico, così come un feed esclusivamente dedicato a cene eleganti e locali alla moda. La chiave è la varietà e il giusto equilibrio: il tuo profilo deve rappresentare chi sei davvero, senza risultare artificiale o costruito a tavolino.

## La bio perfetta: come comunicare chi sei senza sembrare forzato

Se la foto profilo è il primo impatto visivo, la biografia è la tua occasione per dare un'idea più chiara e approfondita di chi sei. È uno spazio breve ma potentissimo, che può attrarre le persone giuste e far capire immediatamente qualcosa di interessante su di te.

Un errore comune è riempire la bio con frasi generiche e banali, come "Amo la vita" o "Vivo ogni giorno come se fosse l'ultimo". Questi messaggi non trasmettono nulla di personale e possono risultare scontati.

D'altra parte, anche una bio troppo complessa o forzata può allontanare chi la legge. Evita di riempire il profilo con citazioni altisonanti o liste infinite di interessi. L'ideale è trovare un equilibrio tra originalità e semplicità.

Una buona bio dovrebbe contenere tre elementi principali:

- **Un dettaglio distintivo su di te**: Può essere un hobby, una passione o un aspetto della tua personalità. Ad esempio: "Appassionato di trekking e fotografia" o "Scrivo di sport e mi alleno per divertimento".
- **Un tocco di umorismo o personalità**: Se hai un lato ironico, sfruttalo in modo intelligente. Una frase scherzosa o un riferimento particolare possono rendere la tua bio più interessante. Ad esempio: "Esperto di caffè (bevo almeno tre tazze al giorno)" o "Sono bravissimo a perdermi anche con Google Maps".
- **Un accenno alle tue intenzioni**: Senza essere troppo diretto, puoi far capire il tuo approccio ai social. Se sei su una

piattaforma per connetterti con nuove persone, puoi scriverlo in modo leggero, tipo: "Colleziono esperienze e belle conversazioni".

Se il social lo permette, puoi anche utilizzare emoji per rendere la bio più visivamente accattivante e facile da leggere, ma senza esagerare. Un uso eccessivo di simboli può dare un'impressione infantile o poco curata.

Infine, assicurati che la tua bio sia coerente con il resto del tuo profilo. Se scrivi di essere un amante dei viaggi, ma nel feed non c'è neanche una foto di un'esperienza fuori casa, il messaggio che trasmetti risulta poco credibile. La tua biografia deve essere un'estensione naturale di ciò che mostri attraverso le immagini e i contenuti che pubblichi.

# Il linguaggio non verbale nei social: cosa il tuo profilo dice di te

Anche se non ci pensiamo spesso, il nostro profilo comunica molto più di quanto immaginiamo. Ogni elemento – dalle foto alla biografia, fino ai commenti e alle interazioni – contribuisce a creare un'immagine di noi stessi nella mente degli altri.

Nei social, il linguaggio non verbale si esprime attraverso diversi dettagli:

- **La qualità e la coerenza delle immagini**: Un profilo curato, con foto nitide e ben scelte, trasmette attenzione ai dettagli e una certa sicurezza in sé stessi. Un profilo disordinato, con immagini casuali o di scarsa qualità, può invece dare un'idea di trascuratezza o poca serietà.
- **Il modo in cui rispondi ai commenti e ai messaggi**: Se sei sempre ironico o eccessivamente distaccato, potresti sembrare poco coinvolto o addirittura arrogante. Se invece interagisci in modo positivo e spontaneo, trasmetti apertura e disponibilità.

- **Il tipo di contenuti che condividi**: Ogni post racconta qualcosa di te. Se pubblichi solo frasi motivazionali, potresti sembrare un po' costruito. Se condividi solo foto in palestra, potresti dare l'impressione di essere ossessionato dal fitness. La chiave è sempre trovare un equilibrio tra autenticità e varietà.
- **La frequenza di pubblicazione**: Un profilo aggiornato con una certa costanza è più attraente di uno abbandonato a sé stesso. Tuttavia, pubblicare troppo spesso o in modo eccessivo può dare l'impressione di voler cercare attenzioni a tutti i costi.

Tutto quello che fai sui social lascia un'impronta e contribuisce a formare l'idea che gli altri si fanno di te. Per questo, è importante essere consapevoli del messaggio che si trasmette, senza forzature ma con un minimo di strategia.

## Conclusione: il tuo profilo è il tuo biglietto da visita

Costruire un profilo efficace non significa fingere di essere qualcuno che non si è, ma valorizzare ciò che si è nel modo giusto. La foto profilo, la galleria e la bio sono strumenti per raccontarti e attirare le persone che potrebbero essere interessate a conoscerti meglio.

Evita gli errori più comuni, cura i dettagli e soprattutto sii coerente con te stesso. Il tuo profilo non deve essere perfetto, ma deve comunicare in modo autentico chi sei. Se ti presenti nel modo giusto, le interazioni sui social diventeranno più naturali e le connessioni che crei saranno più autentiche.

Prima ancora di inviare il primo messaggio, assicurati che il tuo profilo dica esattamente ciò che vuoi trasmettere. Perché, nel mondo digitale, la prima impressione conta più di quanto immagini.

# Capitolo 2: Scegliere la piattaforma giusta

Negli ultimi anni, il mondo delle relazioni si è spostato sempre più sul digitale. Conoscere nuove persone online è diventato la norma, tanto che oggi esistono numerose piattaforme pensate proprio per facilitare l'interazione tra sconosciuti. Tuttavia, non tutte le piattaforme sono uguali e scegliere quella più adatta alle proprie esigenze è fondamentale per ottenere risultati concreti.

La domanda chiave è: **dove e come iniziare?** Se il tuo obiettivo è conoscere ragazze attraverso i social, la scelta del canale giusto può fare la differenza tra interazioni efficaci e tentativi frustranti. Alcuni social network e app di incontri sono più adatti per interazioni casuali, altri per conoscenze più profonde, mentre altri ancora ti permettono di mostrare la tua personalità in modo più autentico.

Se pensi che basti iscriversi a un'app per ottenere subito risultati, sappi che non è così. Ogni piattaforma ha il proprio pubblico, le proprie dinamiche e regole non scritte. Essere consapevole di questi aspetti ti permetterà di adattare la tua strategia e di massimizzare le possibilità di successo.

Vediamo quindi quali sono le principali piattaforme e in che modo puoi sfruttarle al meglio.

# Instagram, Facebook, Tinder, Bumble, Raya,TikTok: le differenze

## Instagram: l'arte della connessione visiva

Instagram è senza dubbio uno dei social più potenti per creare connessioni. Pur non essendo un'app di incontri, si è affermato come uno strumento efficace per conoscere nuove persone grazie al potere delle immagini e delle storie.

L'elemento chiave di Instagram è che permette di **costruire un'identità visiva** che comunica molto di te prima ancora di inviare un messaggio. Il profilo di una persona racconta la sua vita attraverso foto, video e caption, rendendo più naturale l'inizio di una conversazione.

**Vantaggi di Instagram:**

- **Contenuto visivo immediato:** La tua galleria fotografica e le storie possono attrarre interesse in modo spontaneo.
- **Interazioni progressive:** È possibile iniziare una conversazione in modo naturale rispondendo a una storia o commentando un post.
- **Opzioni per restare in contatto:** Dalle dirette ai messaggi vocali, Instagram offre diversi modi per approfondire la conoscenza.

**Svantaggi:**

- **Competizione elevata:** Essendo molto usato, può essere difficile emergere senza un profilo curato.
- **Diffidenza:** Alcune persone potrebbero vedere con sospetto i messaggi di un estraneo, specialmente se il profilo non è costruito in modo autentico.

Su Instagram, la chiave per avviare una conversazione è creare interazioni graduali. Un like, un commento o una risposta a una storia sono strumenti potenti per rompere il ghiaccio senza sembrare invadenti.

## Facebook: il social delle connessioni più "meditate"

Facebook, sebbene meno usato dai più giovani per nuove conoscenze, resta un'ottima piattaforma per interagire grazie ai gruppi e agli interessi comuni.

Se hai hobby particolari, come la fotografia, il trekking o il fitness, partecipare a gruppi tematici può aiutarti a conoscere ragazze con passioni simili. Questo approccio è meno immediato rispetto a Tinder o Instagram, ma può risultare molto efficace perché basato su affinità reali.

**Punti di forza:**

- **Gruppi tematici:** Offrono un'opportunità di connessione più naturale.
- **Interazione basata su interessi comuni:** I commenti nei post di gruppo possono portare a conversazioni genuine.
- **Maggiore possibilità di contatto "indiretto":** Se hai amici in comune, il primo approccio risulta più naturale.

**Svantaggi:**

- **Minore immediatezza rispetto alle app di dating.**
- **Maggior uso professionale o familiare da parte degli utenti.**

Se preferisci un approccio più rilassato e meno "aggressivo" rispetto alle app di incontri, Facebook può essere un'ottima scelta.

## Tinder: l'app di incontri per eccellenza

Tinder ha rivoluzionato il mondo del dating online, rendendo gli incontri digitali semplici e immediati. Il meccanismo è chiaro: scorri i profili, lasci un like e, se il match è reciproco, puoi iniziare a chattare.

**Vantaggi di Tinder:**

- **Obiettivo chiaro:** Tutti gli utenti sono lì per conoscere nuove persone.
- **Facilità d'uso:** Lo swipe è intuitivo e veloce.
- **Ampia base utenti:** Le possibilità di match sono molteplici.

**Svantaggi:**

- **Superficialità:** L'attrazione iniziale si basa esclusivamente sulle foto.
- **Elevata competizione:** Essere notati può essere difficile se non si ha un profilo ben curato.
- **Esperienze variabili:** Alcune persone cercano relazioni serie, altre solo divertimento occasionale.

Tinder è perfetto per chi vuole un'esperienza diretta e senza troppe complicazioni. Tuttavia, per avere successo, è fondamentale curare il proprio profilo e scrivere una biografia che susciti interesse.

## Bumble: l'alternativa più selettiva

Bumble funziona in modo simile a Tinder, con una differenza chiave: nelle coppie eterosessuali, è la donna a dover inviare il primo messaggio. Questo riduce il rischio di approcci invadenti e crea un ambiente più selezionato.

**Pro di Bumble:**

- **Interazioni più qualitative:** Le conversazioni tendono a essere più profonde rispetto a Tinder.
- **Riduzione dello spam:** Il sistema limita i messaggi indesiderati.
- **Utenti più seri:** Spesso chi usa Bumble cerca una connessione più autentica.

**Contro:**

- **Meno utenti rispetto a Tinder.**
- **Se la donna non scrive entro 24 ore, il match scompare.**

Bumble è una buona scelta se vuoi un'esperienza più raffinata rispetto a Tinder, con interazioni più autentiche.

## TikTok: il nuovo terreno per fare conoscenze

TikTok non è un'app di incontri, ma sta diventando uno spazio sempre più utilizzato per conoscere nuove persone. Attraverso video creativi e commenti, è possibile entrare in contatto con chi condivide i tuoi interessi.

**Vantaggi:**

- **Ampia visibilità:** Un video può raggiungere migliaia di persone in poco tempo.
- **Interazione naturale:** Rispondere ai commenti o partecipare ai trend aiuta a creare connessioni.

**Svantaggi:**

- **Non è un'app di incontri.**
- **Richiede la creazione di contenuti per emergere.**

TikTok è perfetto per chi ama esprimersi in modo creativo e costruire connessioni attraverso contenuti originali.

## Conclusione: quale piattaforma scegliere?

Ogni piattaforma ha le proprie caratteristiche e non esiste un'unica risposta giusta. Se cerchi interazioni rapide, Tinder e Bumble fanno al caso tuo. Se preferisci costruire un'attrazione più graduale, Instagram è la scelta migliore. Facebook è ottimo per chi vuole conoscenze basate su interessi comuni, mentre TikTok è perfetto per chi non ha paura di mettersi in gioco con la creatività.

L'importante è scegliere la piattaforma che si adatta meglio al tuo stile e sfruttarne al massimo le potenzialità. L'obiettivo non è solo scrivere messaggi, ma creare un'interazione autentica che possa portare a una connessione reale.

# Quando e come usare le piattaforme per creare connessioni

Una delle domande più sottovalutate — ma cruciali — è: *quando è il momento giusto per scrivere?* Sui social, così come nella vita reale, il **tempismo** può fare la differenza tra una conversazione che decolla e un messaggio che rimane ignorato.

La maggior parte delle persone accede ai social in fasce orarie piuttosto prevedibili: la mattina appena svegli, durante le pause lavoro, e soprattutto la sera, quando si è finalmente liberi da impegni. Tra le 20:00 e le 23:00, ad esempio, molte persone sono più rilassate, con il cellulare in mano, in cerca di contenuti leggeri o di contatto umano. In questa finestra, è più probabile che un messaggio venga letto e, se ben costruito, anche apprezzato.

Tuttavia, **non si tratta solo di orari**, ma anche di *come* ci si presenta nel momento in cui si decide di avviare un'interazione. Immagina le piattaforme come locali diversi: in uno puoi chiacchierare con calma, in un altro c'è musica alta e tante distrazioni. Se mandi un messaggio generico, freddo o fuori contesto in un momento in cui la persona è bombardata da stimoli, è facile che venga ignorato. Invece, se scegli un momento più "intimo", e costruisci un messaggio che suona personale, gentile, magari anche un po' curioso, aumentano le possibilità che dall'altra parte ci sia attenzione e risposta.

Un altro aspetto spesso trascurato è che **ogni piattaforma ha i suoi ritmi e le sue modalità di interazione**. Instagram, ad esempio, favorisce gli approcci indiretti: puoi iniziare guardando e reagendo alle storie, commentando un post con intelligenza o ironia, lasciando piccoli segnali della tua presenza. Quando finalmente scriverai in privato, non sarai più un perfetto sconosciuto.

Tinder o Bumble, al contrario, sono piattaforme più dirette, ma anche più affollate. Qui è fondamentale distinguersi subito: un messaggio d'apertura deve rompere il ghiaccio senza essere banale. Anche in questo caso, osservare attentamente il profilo dell'altra persona ti aiuta a scrivere qualcosa che suoni davvero su misura.

In sintesi, **creare connessioni autentiche online richiede strategia, ascolto e rispetto dei tempi**. Non si tratta solo di trovare le parole giuste, ma di saper leggere la situazione, cogliere l'atmosfera, e agire con naturalezza. Approcciarsi sui social è come danzare: chi sa adattarsi al ritmo, riesce a coinvolgere davvero.

---

# L'algoritmo gioca contro di te? Come sfruttarlo a tuo vantaggio

Chi usa i social o le app di dating si è chiesto almeno una volta: *"Perché non mi nota nessuno? Perché vedo sempre gli stessi profili o non ricevo risposte?"* La risposta, spesso invisibile ma potentissima, è **l'algoritmo**.

Ogni piattaforma utilizza un complesso sistema di regole per decidere quali contenuti mostrare, a chi, e in quale ordine. Non è un'entità malvagia — ma **va capito, rispettato e, se possibile, sfruttato a proprio favore**.

Prendiamo Instagram: non è sufficiente avere un bel profilo o postare una bella foto. Se non interagisci mai con nessuno, se pubblichi in modo irregolare o usi contenuti poco coinvolgenti, l'algoritmo ti "nasconde". Di contro, se commenti, metti like, rispondi alle storie, pubblichi con una certa costanza e ottieni interazioni, il sistema ti "premia" aumentando la visibilità dei tuoi contenuti.

E qui entra in gioco una strategia sottile ma efficace: **l'interazione graduale**. Invece di scrivere subito un messaggio privato a una ragazza che ti interessa, potresti iniziare reagendo alle sue storie, rispondendo in modo intelligente a un contenuto, o commentando un post in modo non invadente ma riconoscibile. Questo ti aiuta a "entrare nel radar", creando familiarità prima ancora di iniziare una conversazione.

Anche sulle app di dating come Tinder o Bumble, l'algoritmo osserva tutto: da quanto spesso apri l'app a che tipo di profili scorri, da quanti match ricevi a come interagisci con essi. Se il tuo profilo è incompleto, con una sola foto e senza bio, l'app tenderà a penalizzarti, mostrandoti meno spesso o accostandoti a utenti poco attivi. Al contrario, aggiornare regolarmente il profilo, curare le immagini, scrivere una bio interessante e rispondere ai messaggi con costanza sono tutti segnali positivi che aumentano la tua esposizione.

In altre parole, **non si tratta solo di fortuna o bellezza**. L'algoritmo lavora per "offrire" ai suoi utenti le persone più interessanti, attive e coinvolgenti. Se impari a comportarti in modo coerente con questa logica, **diventerai più visibile**, aumenterai le opportunità di contatto e potrai creare interazioni più ricche e durature.

Imparare a convivere con l'algoritmo è un po' come imparare a conoscere una nuova città: all'inizio può sembrare complicato, ma una volta che capisci le sue regole, tutto diventa più fluido. E tu potrai muoverti con naturalezza, sfruttando ogni strumento a tuo vantaggio.

# Capitolo 5: Portare avanti la conversazione senza annoiare

Scrivere un buon primo messaggio è solo il primo passo. Se hai ricevuto una risposta, significa che hai catturato l'attenzione. Ma ora viene il momento in cui si gioca davvero la partita: trasformare quel contatto iniziale in uno scambio autentico, interessante e potenzialmente significativo. È qui che molti inciampano. Dopo un avvio promettente, il dialogo si affloscia, si riempie di frasi generiche, risposte monosillabiche e lunghi silenzi digitali. Oppure, al contrario, prende un ritmo troppo serrato, con domande a raffica che rischiano di mettere l'altra persona sulla difensiva.

Portare avanti una conversazione online è un'arte sottile, soprattutto quando si tratta di conoscersi per la prima volta. Serve equilibrio: tra curiosità e rispetto, tra leggerezza e profondità, tra ascolto e condivisione. Non devi essere perfetto, né un intrattenitore brillante. Quello che conta è che la conversazione sembri vera, spontanea, e non il risultato di uno schema ripetuto a memoria.

La verità è che l'interesse non si mantiene con frasi a effetto, ma con la capacità di costruire un dialogo in cui l'altra persona si senta ascoltata, coinvolta e stimolata. Una conversazione noiosa non è solo quella in cui "non si parla di nulla", ma quella in cui manca uno scambio reale: quando uno dei due fa domande solo per riempire i vuoti, o parla solo di sé senza lasciare spazio.

In questo capitolo esploreremo come mantenere viva l'attenzione e alimentare un dialogo che abbia ritmo, senso e leggerezza. Vedremo come fare domande senza sembrare invadenti, come evitare risposte monosillabiche, come alternare ascolto e racconto, e come accorgersi quando è il momento di cambiare argomento. Perché il vero obiettivo non è solo continuare a scrivere, ma creare una connessione.

Una buona conversazione, anche in chat, può diventare l'inizio di qualcosa di più. Ma per arrivarci serve attenzione, tatto e, soprattutto, voglia di conoscere davvero chi hai di fronte — non solo per piacere, ma per capire se c'è davvero compatibilità.

# Capitolo 3: Chi e quando contattare

Prima di scrivere il primo messaggio, è importante fare un passo indietro e chiedersi: "Sto scrivendo alla persona giusta? E nel momento giusto?". Una buona comunicazione non nasce solo da ciò che si dice, ma anche da quando e a chi lo si dice. In un mondo come quello dei social, dove tutto è immediato e accessibile, può essere facile lasciarsi prendere dall'impulso. Ma se l'obiettivo è creare un'interazione autentica e rispettosa, serve anche saper leggere il contesto, osservare con attenzione e avere un po' di sensibilità. Questo capitolo ti guiderà proprio in questo: a capire come riconoscere i segnali giusti e quando è davvero il momento adatto per farti avanti.

## Come capire se una ragazza è aperta a nuove conoscenze

Nel mondo dei social, capire se una persona è aperta a nuove conoscenze non è sempre immediato. A differenza della comunicazione dal vivo, dove possiamo affidarci al linguaggio del corpo, agli sguardi o al tono della voce, nel mondo digitale dobbiamo imparare a interpretare segnali più sottili, spesso nascosti tra una foto, una storia o una bio.

Uno degli errori più comuni è pensare che, solo perché qualcuno ha un profilo pubblico o pubblica contenuti personali, sia automaticamente disponibile a ricevere messaggi da chiunque. Ma non è così. Ogni persona ha un modo diverso di vivere i social: c'è chi li usa per svago, chi per esprimere sé stesso, chi per lavoro, e chi semplicemente per tenersi in contatto con gli amici più stretti. Prima ancora di pensare a scrivere un messaggio, è fondamentale chiedersi: "Che tipo di presenza ha questa persona online? Cosa comunica?"

Un profilo curato, aggiornato con regolarità, che interagisce con altri utenti, risponde a commenti o condivide storie personali, può indicare una maggiore apertura. Questo non vuol dire che chiunque possa scriverle o che si stia aspettando un messaggio, ma può suggerire che non vede i social come uno spazio puramente privato. Al contrario, se il profilo è chiuso, privo di informazioni, con pochi contenuti pubblicati e nessuna interazione visibile, potrebbe indicare una persona più riservata, che non ha particolare interesse nel ricevere attenzioni da sconosciuti.

Un altro elemento da osservare è il tono della comunicazione. Alcune persone usano la propria bio o i post per esprimere chiaramente chi sono, cosa amano, e quali valori contano per loro. In quei casi, se noti qualcosa che risuona anche con te – un interesse comune, un riferimento culturale, un tratto del carattere che condividete – può essere un buon punto di partenza per un contatto autentico. Non per "agganciare", ma per costruire un ponte reale. L'interesse dev'essere genuino, mai forzato.

E ancora più importante è ricordare che non ci sono segnali certi al cento per cento. Anche se tutto sembra "invitante", anche se la persona è attiva, aperta, coinvolgente nei contenuti, nulla ti garantisce che sia interessata a iniziare una conversazione. Per questo, il rispetto è sempre la chiave. Contattare una ragazza deve essere un gesto discreto, educato e privo di pretese. Un messaggio non è un diritto, e una mancata risposta non è un affronto.

Infine, il **quando** conta tanto quanto il **chi**. Scrivere in momenti inopportuni – magari in piena notte, durante eventi personali delicati o subito dopo che la persona ha condiviso qualcosa di emotivamente impegnativo – rischia di essere percepito come fuori luogo. Il tempismo giusto è spesso una questione di sensibilità: se segui una persona da un po', se hai iniziato a conoscerne un minimo il modo di comunicare, è più facile capire quando potrebbe essere il momento giusto per farsi avanti.

In sintesi: prima di scrivere, osserva, ascolta, rifletti. Non avere fretta. Cerca segnali di apertura, ma non forzarli. Rispetta il confine tra pubblico e privato. E se decidi di scrivere, fallo con gentilezza, senza aspettative e senza pressioni.

## Come evitare di sembrare invadente o fuori luogo

Nel mondo digitale, il confine tra cortesia e invadenza può essere sottile. Scrivere a una ragazza sui social non dovrebbe mai sembrare un'irruzione forzata nella sua vita. Anzi, il modo migliore per iniziare un'interazione è trasmettere leggerezza, rispetto e una sincera curiosità. Se il tuo primo messaggio arriva troppo diretto, troppo personale o troppo in anticipo rispetto a qualsiasi interazione precedente, rischia di risultare fuori luogo.

Un buon punto di partenza è osservare: interagite già tramite like o commenti? Avete interessi in comune? Lei pubblica contenuti che invitano alla conversazione o sembra piuttosto riservata? Rispettare i segnali è fondamentale. Evita frasi generiche o che sembrano copiate e incollate. Meglio un commento su un interesse condiviso, una battuta leggera o un'osservazione pensata appositamente per quella persona. Mostrare che hai dedicato un minimo di attenzione prima di scrivere è già un ottimo segnale di rispetto.

Ricorda: il primo messaggio non deve sembrare una richiesta pressante o una dichiarazione d'intenti, ma una semplice apertura alla conversazione. Chi sa aspettare e approccia con delicatezza ha molte più probabilità di ricevere risposta, e soprattutto, di far partire uno scambio piacevole.

## Il momento giusto per scrivere: l'importanza del timing

Anche il tempismo ha il suo peso. Mandare un messaggio nel momento sbagliato può compromettere l'interazione ancora prima che inizi. Ma cosa significa "momento sbagliato"? In generale, è sconsigliabile scrivere nel cuore della notte, nei giorni festivi in cui

28

si presume che l'altra persona sia impegnata in attività sociali o familiari, o quando è appena successo qualcosa di importante nella sua vita e lo ha condiviso online (che sia positivo o negativo).

Inoltre, scrivere troppo in fretta dopo una nuova interazione può sembrare impaziente. Ad esempio, se ha appena accettato la tua richiesta di amicizia o ha iniziato a seguirti, meglio non scrivere subito: attendere qualche ora o un giorno dà il tempo di creare un contesto. Il tempismo giusto comunica sicurezza e rispetto, mentre la fretta può dare l'impressione di essere in cerca di attenzione a tutti i costi.

Infine, considera anche i tuoi tempi: scrivere di fretta o distrattamente solo per "buttare lì qualcosa" è controproducente. Prenditi il tempo di pensare a cosa vuoi dire, con che tono e in che momento. Un messaggio pensato bene, inviato con calma e nel contesto giusto, ha molta più forza di dieci scritti di impulso.

# Capitolo 4: Il primo messaggio

Il primo messaggio è un po' come l'ingresso in scena di un attore sul palco: può durare pochi secondi, ma lascia un'impressione che condizionerà tutto il resto. In quell'unica battuta iniziale si giocano l'attenzione, la curiosità e spesso anche la possibilità che l'altra persona risponda o meno. Non è questione di usare frasi a effetto o di sembrare geniali a tutti i costi. È questione di coerenza, attenzione e autenticità. In questo capitolo esploreremo come fare una buona prima mossa: quali errori evitare, come rompere il ghiaccio senza sembrare forzati e come personalizzare senza esagerare.

## Errori comuni da evitare

Cominciamo con gli scivoloni più frequenti. Il più celebre – e fallimentare – è il "ciao" secco. Tre lettere. Nessun contesto. Nessuno sforzo. È come suonare il campanello e poi restare in silenzio, aspettando che l'altra persona abbia voglia di aprire la porta, immaginando chi sei e cosa vuoi. Ma in un mondo dove le notifiche abbondano e l'attenzione è limitata, chi riceve quel messaggio penserà semplicemente: "E adesso cosa dovrei rispondere?". E quasi sempre, non risponderà affatto.

Anche i complimenti generici rischiano di affossare tutto. Frasi come "sei bellissima" o "hai un sorriso fantastico" sono ormai cliché digitali. Non sono offensivi, certo, ma nemmeno interessanti. Comunicano poco o nulla su di te, e soprattutto non danno all'altra persona nessun motivo concreto per avviare un dialogo. Stesso discorso per le domande standard come "che fai nella vita?" o "come va?". Se ogni messaggio suona uguale agli altri, è difficile distinguersi nella folla.

# Tecniche per rompere il ghiaccio in modo naturale

Una buona apertura, invece, ha un solo obiettivo: offrire uno spunto. Una scintilla. Qualcosa che inviti a rispondere. Il modo più semplice per farlo è osservare con attenzione ciò che l'altra persona ha scelto di condividere: una foto, una citazione, un luogo, un interesse. Se ha pubblicato una foto di un'escursione in montagna, puoi scrivere: "Ok, devo saperlo... era davvero così faticosa come sembra, o stai solo fingendo con quel sorriso perfetto in vetta?". È una frase semplice, leggera, che dimostra attenzione e voglia di giocare un po'.

Oppure, se ha postato un libro che conosci o che ti incuriosisce, puoi provare con: "Lo sto puntando da un po', ma ancora non mi sono deciso... merita davvero?". Qui non stai dichiarando un interesse romantico, ma stai proponendo un punto di contatto. E questo, nel contesto dei social, è spesso il modo più naturale di cominciare.

Il tono fa la differenza. Meglio restare leggeri, curiosi, aperti. Come se stessi chiacchierando con una persona interessante conosciuta in treno, al bar o in palestra. Niente pressioni, niente eccessi: solo una conversazione da far nascere spontaneamente.

# Come personalizzare il primo messaggio senza sembrare uno stalker

Qui entra in gioco una sottile arte: quella dell'equilibrio tra attenzione e invadenza. Personalizzare un messaggio vuol dire dimostrare che hai guardato davvero il suo profilo, che non stai mandando la stessa frase a chiunque. Ma farlo in modo eccessivo – citando post vecchi mesi o dettagli troppo specifici – può facilmente sfociare nel sospetto.

Il trucco è rimanere sul visibile e sull'attuale. Se una ragazza ha scritto nella bio che ama il cinema, potresti iniziare da lì con un messaggio come: "Amante del cinema... vuol dire che vai a vedere anche i film in lingua originale con i sottotitoli, o solo popcorn e blockbuster?". È ironico, ma ti permette di capire se c'è un punto in comune.

Evita, invece, messaggi del tipo: "Ho visto che tre settimane fa hai messo una storia su quel ristorante di sushi vicino alla stazione. Io ci vado spesso". Potrebbe anche essere vero, ma l'effetto sarà probabilmente inquietante.

Ricorda: lo scopo non è dimostrare quanto hai "studiato" il suo profilo, ma costruire un ponte. Se quel ponte passa per un dettaglio autentico e recente, ben venga. Se invece ti costringe a scavare tra i post dell'anno prima, meglio lasciar perdere.

## Esempi pratici: cosa funziona (e cosa no)

Capire la teoria è importante, ma spesso sono gli esempi concreti a fare davvero la differenza. Vediamo allora alcuni casi reali, mettendo a confronto messaggi banali con alternative più efficaci, mantenendo sempre un tono naturale e rispettoso.

**1. Messaggio generico (da evitare)**
"Ciao, tutto bene?"
Un classico. Educato, ma privo di contenuto. Non offre spunti di risposta, non comunica nulla su di te, e soprattutto... è lo stesso messaggio che riceve da altri dieci contatti ogni settimana.

**Alternativa più efficace**
"Ehi, ho notato che ami viaggiare... il posto della tua ultima foto sembra incredibile. Dove l'hai scattata?"
Qui si crea un ponte. Mostri interesse per qualcosa che ha condiviso e inviti alla conversazione in modo naturale.

## 2. Messaggio troppo invadente (da evitare)

"Ho visto che eri a Barcellona a giugno. Anche io ero lì... eri in zona Raval la sera del 22?"

Questo tipo di messaggio mette a disagio. Anche se l'intento è innocuo, sembri troppo informato. Attenzione: la curiosità non deve mai superare il confine della privacy.

### Alternativa più efficace

"Ho visto che hai pubblicato delle foto di Barcellona... città pazzesca! Hai un posto del cuore lì?"

Stessa curiosità, ma espressa in modo leggero. Lasci spazio a lei e mostri attenzione senza forzare.

---

## 3. Complimento banale (da evitare)

"Sei bellissima !"

Onesto? Forse. Efficace? Raramente. Non aggiunge nulla di interessante alla conversazione e rischia di metterti nella lista dei "soliti".

### Alternativa più efficace

"Hai un modo di sorridere che mette di buon umore anche chi guarda la foto da uno schermo. Scommetto che dal vivo funziona ancora meglio."

Un complimento può funzionare, se è originale, specifico e soprattutto rispettoso. Qui parli del sorriso, ma lo fai in modo più sottile e personale.

---

## 4. Primo messaggio senza connessione (da evitare)

"Ciao, posso farti una domanda?"

Molti lo usano per "agganciare" la conversazione, ma il rischio è di sembrare sospettoso o, peggio, di mettere l'altra persona sulla difensiva.

**Alternativa più efficace**

"Mi hai fatto venire un dubbio: esiste qualcuno che riesce a cucinare la shakshuka come quella che hai postato? Sembrava uscita da una rivista."

Se la ragazza ha condiviso qualcosa di specifico (come un piatto, un libro, un hobby), usalo per creare uno scambio diretto e interessante. Aggiungi un tocco di ironia e personalità.

---

### 5. Il tentativo troppo serio (fuori contesto)

**Da evitare:**

*Buongiorno, mi chiamo Marco. Sono un ingegnere appassionato di lettura, viaggi e fotografia. Ho trovato il tuo profilo interessante e mi piacerebbe conoscerti meglio.*

Questo messaggio, pur educato, suona troppo formale e rigido, quasi come se fosse copiato e incollato da una presentazione aziendale. Sui social, la conversazione funziona meglio se si mantiene su toni più leggeri e naturali.

**Alternativa più efficace:**

*Tra foto di libri e viaggi, direi che il tuo profilo è una perfetta minaccia per il mio portafoglio. Qual è l'ultimo posto in cui hai lasciato il cuore?*

Stesso desiderio di conoscenza, ma espresso in modo più coinvolgente. Il tono è giocoso, ma non superficiale. Invita alla conversazione, senza mettere pressione.

## 6. L'approccio troppo diretto (e impersonale)

**Da evitare:**
*Sei single?*

È una domanda diretta, ma spesso fuori luogo, soprattutto se arriva come primo messaggio. Può risultare invadente e mettere in difficoltà chi la riceve. È troppo presto per parlare di stato sentimentale, e così formulata sembra interessarti solo il risultato, non la persona.

**Alternativa più efficace:**
*Hai l'aria di una persona che si gode la vita con leggerezza... Sbaglio o anche nelle relazioni ti piace vivere le cose con spontaneità?*

Questa versione è più sottile e rispettosa. Non chiedi direttamente se è single, ma apri la porta a un dialogo sul modo di vivere le relazioni, in modo maturo e aperto. È un invito alla condivisione, non un'interrogazione.

---

## 7. L'approccio troppo autocelebrativo

**Da evitare:**
*Penso che saremmo una bella coppia, te lo dico subito.*

Frasi del genere possono sembrare simpatiche nella tua testa, ma spesso sono percepite come presuntuose o affrettate. È difficile creare connessione se l'approccio è tutto incentrato su te stesso e su una proiezione che l'altra persona non ha ancora condiviso.

**Alternativa più efficace:**
*Ammetto che il tuo stile ha qualcosa che mi ha colpito al volo. Mi hai fatto venire voglia di scoprire se dietro c'è anche una bella testa. Ti va di rompere il ghiaccio?*

Qui il tono è deciso, ma resta rispettoso. Fai un complimento velato, dai spazio all'altra persona, e proponi un dialogo senza pressioni. Il messaggio ha un'identità, ma non invade.

---

## 8. Il messaggio troppo ironico (che non si capisce)

**Da evitare:**
*Voto 6,5 al tuo profilo. Ma potresti migliorare con una foto in montagna e un cane al tuo fianco.*

L'ironia può essere un'arma a doppio taglio, soprattutto nel primo messaggio. Senza contesto o senza aver ancora stabilito un tono comune, battute di questo tipo rischiano di risultare critiche più che simpatiche.

**Alternativa più efficace:**
*Tra profili tutti uguali, il tuo sembra scritto da qualcuno che ha una storia da raccontare. Ho indovinato o sto esagerando?*

In questo caso sei comunque originale, lasci intendere che il suo profilo ti ha colpito, e usi una curiosità leggera per stimolare risposta. L'ironia è sostituita da un pizzico di mistero, che funziona molto meglio all'inizio.

---

Questi esempi servono a ricordare che **la chiave del primo messaggio non è impressionare**, ma connettersi. Più riesci a mostrare autenticità e attenzione reale, più aumenti le probabilità di ricevere una risposta vera. E da lì, iniziare qualcosa che abbia davvero senso.

# Capitolo 4: Il primo messaggio

Il primo messaggio è molto più di una semplice frase con cui iniziare una conversazione. È il tuo biglietto da visita, il momento in cui fai la prima mossa e mostri chi sei, o almeno dai un assaggio della tua personalità. In un contesto come quello dei social o delle app di dating, dove le interazioni sono rapide e spesso superficiali, un buon primo messaggio può davvero fare la differenza tra venire ignorati o suscitare curiosità.

Scrivere a una ragazza sui social non è come iniziare a parlare con qualcuno al bar o in palestra. Non hai il linguaggio del corpo, il tono della voce, l'atmosfera intorno a te: hai solo le parole. Ecco perché devono essere scelte con cura. Un messaggio banale, impersonale o poco pensato spesso finisce nel dimenticatoio in mezzo ad altri dieci simili. Ma non serve nemmeno strafare: l'equilibrio sta nel trovare un modo per rompere il ghiaccio che sia autentico, rispettoso e interessante, senza sembrare né troppo costruito né troppo invadente.

Questo capitolo è pensato per aiutarti a fare proprio questo: scrivere un primo messaggio che abbia senso, che comunichi attenzione e personalità, e che ti permetta di aprire una conversazione vera. Non parleremo di frasi fatte da copiare e incollare, ma di atteggiamento, strategia e buon senso. Imparerai a riconoscere gli errori più comuni (e, se serve, a correggerli), a trovare spunti interessanti per rompere il ghiaccio in modo naturale e a personalizzare il tuo approccio senza dare l'impressione di aver passato ore a studiare il suo profilo.

In altre parole, cercheremo insieme il modo per iniziare una conversazione che possa davvero diventare qualcosa. Perché spesso è proprio da una frase ben scritta, leggera ma sincera, che nasce una connessione. E quando una conversazione parte con il piede giusto, tutto diventa più semplice e spontaneo.

# Errori comuni da evitare

Il primo errore, il più diffuso e paradossalmente anche il più innocuo all'apparenza, è il famigerato "ciao" secco. Un saluto e nulla più. Educato? Certamente. Ma efficace? Decisamente no. In un contesto come quello dei social, dove l'attenzione si misura in secondi e la concorrenza è altissima, un semplice "ciao" non comunica nulla. Non racconta chi sei, non stimola la curiosità e, soprattutto, non dà alcuno spunto per rispondere. È un'apertura vuota, che lascia tutto sulle spalle dell'altra persona. È un po' come entrare in una stanza piena di gente, guardare qualcuno e dire solo "ciao" aspettandoti che l'altro cominci a parlarti per primo.

Un altro errore classico è il complimento generico, soprattutto sull'aspetto fisico. Frasi come "sei bellissima" o "hai un sorriso stupendo" possono anche essere sincere, ma suonano come copia-incolla. Sono messaggi già visti, che spesso danno l'impressione di essere stati mandati a più persone nella stessa giornata. In un mare di messaggi tutti uguali, il rischio è che il tuo venga letto e dimenticato in un secondo.

Poi ci sono le domande standard, quelle che sembrano uscite da un questionario. "Tutto bene?", "Che fai nella vita?", "Da dove scrivi?". Sono frasi che non raccontano niente di te, e soprattutto non si agganciano minimamente a ciò che l'altra persona mostra nel suo profilo. È come iniziare una conversazione senza guardare chi hai davanti: impersonale, poco coinvolgente e prevedibile.

La verità è che il primo messaggio non dovrebbe essere una richiesta di attenzione, ma una proposta di connessione. Non stai cercando una risposta per forza: stai cercando uno scambio, un punto d'incontro. E per farlo, serve qualcosa di più di un saluto o di un complimento.

# Tecniche per rompere il ghiaccio in modo naturale

Rompere il ghiaccio in modo efficace non significa essere geniali o sorprendere con la battuta del secolo. Significa essere autentici, attenti e presenti. La chiave è tutta lì: osservare. Leggere il profilo, guardare le foto, cogliere un dettaglio che dica qualcosa su chi hai davanti. Viaggi, hobby, libri, canzoni, animali: ogni post è un potenziale spunto, basta saperlo leggere.

Facciamo un esempio. Se una ragazza ha postato una foto mentre fa arrampicata o cammina in montagna, puoi scrivere qualcosa come:
**"Sorridere così dopo una salita del genere... o hai un talento speciale, o ti porti la moka nello zaino!"**
In un colpo solo hai mostrato attenzione, hai messo un pizzico di ironia e creato uno spunto di dialogo. E soprattutto, hai evitato di dire qualcosa che potrebbe essere rivolto a chiunque.

Oppure, se ha pubblicato un piatto cucinato da lei:
**"Quella pasta al forno che hai postato sembra uscita da una trattoria emiliana... sei tu la chef o c'è un trucco?"**
Un messaggio così è semplice, ma fa capire che hai guardato, che ti sei interessato, e che vuoi interagire senza invadere.

L'obiettivo non è dimostrare quanto sei brillante. È farle capire che l'hai notata davvero, che non le stai scrivendo per caso, e che sei curioso di conoscerla. Quando c'è un interesse reale per qualcosa che lei condivide, la conversazione nasce con un'energia diversa. E, soprattutto, si percepisce che sei presente, non solo in cerca di una risposta qualsiasi.

Anche l'umorismo può aiutare molto, ma dev'essere spontaneo. Se forzato, rischia di sembrare una battuta da palcoscenico. Meglio essere leggeri e umani, piuttosto che voler a tutti i costi far ridere.

Infine, una regola d'oro: non avere fretta. Non buttarti nel messaggio senza prima aver letto con attenzione chi hai davanti. Il tempo che investi a osservare e scegliere le parole giuste sarà la differenza tra un messaggio ignorato e uno che apre una conversazione vera.

## Come personalizzare il primo messaggio senza sembrare uno stalker

Personalizzare un primo messaggio è una delle mosse più intelligenti che tu possa fare, ma anche una delle più delicate. Perché se da un lato mostrare attenzione ai dettagli può comunicare interesse genuino, dall'altro c'è sempre il rischio di oltrepassare quella sottile linea che separa l'osservazione dalla curiosità eccessiva.

Il segreto sta nel dosare l'informazione. Va bene notare qualcosa in una foto recente o in una descrizione del profilo, ma citare una story vecchia di settimane, o peggio ancora, scavare nel feed fino a risalire a contenuti pubblicati mesi prima… potrebbe non dare l'effetto desiderato. Anzi, potrebbe generare l'effetto opposto: farla sentire osservata in modo eccessivo.

Meglio restare su ciò che è visibile a colpo d'occhio, su quello che l'altra persona ha scelto di mostrare in modo evidente. Se ha pubblicato una canzone nelle ultime stories, potresti scrivere: "Hai postato Alt-J… li ascolti da sempre o è una nuova scoperta? A me fanno venire voglia di partire per un viaggio ogni volta che li sento." Questo tipo di approccio mostra attenzione e crea un ponte tra ciò che lei ama e la tua esperienza personale, senza risultare invadente.

Anche il modo in cui si scrive fa la differenza. Usa un linguaggio semplice, diretto, ma mai invadente. Evita toni troppo espliciti o confidenziali se non c'è ancora un'interazione costruita. In fondo, sei un estraneo che sta cercando di entrare in uno spazio digitale dove il rispetto viene prima di tutto. Ecco perché anche il modo in cui poni le domande è importante: chiedere con curiosità, non con pretesa. Condividere un'opinione, non imporla. Offrire uno spunto, non una sfida.

La personalizzazione funziona quando è autentica. Quando ti fai guidare da quello che davvero ti ha colpito e non da ciò che pensi possa colpirla. Non serve essere strategici in modo forzato: basta essere presenti, attenti, sinceri. Se riesci a farle capire che sei lì non solo per fare colpo, ma perché c'è qualcosa che ti ha incuriosito davvero, allora il primo passo è fatto nel modo giusto. E da lì, tutto può iniziare.

## L'arte di fare domande senza sembrare un interrogatorio

Una delle prime cose da imparare per mantenere viva una conversazione è saper fare domande. Ma attenzione: non si tratta di un'intervista, e nemmeno di un quiz. Se la tua chat inizia a somigliare a una scheda anagrafica – "Che lavoro fai?", "Quanti anni hai?", "Da dove scrivi?", "Hai fratelli?" – rischi di trasformare l'interesse in noia. La persona dall'altra parte può sentirsi sotto esame, come se dovesse rispondere in modo corretto, senza sentirsi veramente coinvolta.

Il segreto è fare domande che sembrino parte naturale della conversazione, non uno schema rigido da seguire. Più che informarti, dovresti voler scoprire qualcosa. E per farlo, le domande migliori non sono quelle chiuse – a cui si risponde con "sì" o "no" – ma quelle che stimolano una risposta più personale.

Per esempio, invece di chiedere "Ti piace viaggiare?" (a cui risponderà "sì" o "no"), prova con:
**"Se potessi partire domani senza limiti, dove andresti e perché?"**
Questa domanda dice molto di più. Non solo stimola l'immaginazione, ma apre una finestra su sogni, desideri e gusti personali.

Oppure, se sta parlando del suo lavoro o di qualcosa che fa spesso, evita il classico "Che lavoro fai?" e punta su una variante più coinvolgente:
**"Se potessi cambiare qualcosa del tuo lavoro, cosa sceglieresti?"**
Oppure:
**"Ti capita mai di chiederti come sarebbe fare qualcosa di completamente diverso?"**

In questo modo, stai comunicando che vuoi davvero conoscere la persona, non solo raccogliere informazioni. Stai dando spazio a una riflessione, e mostrando che hai un approccio più profondo, senza essere invadente.

Un'altra tecnica efficace è quella di usare le sue risposte per far proseguire la conversazione. Se ti dice che ama cucinare, non limitarti a dire "Che bello!", ma chiedi:
**"Cosa ti piace cucinare di più quando vuoi impressionare qualcuno?"**
È un modo sottile per unire curiosità e un pizzico di gioco, senza sembrare banale.

Infine, ricordati che anche i silenzi hanno un valore. Non riempire ogni spazio con una domanda. Se lei ti racconta qualcosa, commenta, approfondisci, condividi qualcosa di tuo. Le conversazioni più belle nascono quando si crea uno scambio, non un'interrogazione.

## Evitare di essere troppo disponibili o troppo distaccati

Quando si comunica sui social, soprattutto nelle fasi iniziali di una conoscenza, è facile cadere in due estremi opposti: essere troppo disponibili o, al contrario, risultare troppo distaccati. Entrambe le situazioni possono compromettere l'equilibrio della conversazione e, con esso, anche la possibilità di costruire un rapporto interessante.

Essere troppo disponibili, ad esempio, può sembrare una buona idea. Rispondi sempre subito, sei sempre gentile, dimostri entusiasmo per qualsiasi cosa lei dica o faccia. Ma alla lunga questo atteggiamento rischia di risultare eccessivo, persino soffocante. Non perché tu stia facendo qualcosa di "sbagliato" in assoluto, ma perché manchi di quel senso di individualità che rende interessante una persona. Quando dai l'idea di essere sempre lì, pronto a rispondere in qualsiasi momento, trasmetti il messaggio implicito che non hai altro da fare. E l'interesse, anziché crescere, rischia di diminuire.

Al contrario, c'è chi — per paura di sembrare troppo coinvolto — adotta un atteggiamento freddo o distaccato. Magari risponde dopo molte ore, usa messaggi brevi, evita di fare domande o di mostrarsi davvero interessato. Questo stile "misterioso" può sembrare intrigante all'inizio, ma se non è sostenuto da contenuti, rischia di essere interpretato come disinteresse. Il rischio è che la conversazione perda vivacità, e che l'altra persona, sentendosi ignorata o poco considerata, si allontani.

La via più efficace è quella dell'equilibrio: mostrarsi interessati senza rinunciare alla propria autonomia. Significa rispondere con piacere ma senza ansia. Farsi sentire, ma non essere ossessivi. Essere presenti, ma non invadenti. Questo equilibrio si costruisce nel tempo e dipende molto anche dall'ascolto: non solo di ciò che dice l'altra persona, ma anche del tono, del ritmo e dei segnali che emergono nella conversazione. Ricorda: l'interesse vero non ha bisogno di essere urlato, si percepisce anche nei silenzi ben dosati.

## Come mantenere il giusto equilibrio tra mistero e confidenza

Uno degli ingredienti più sottili e affascinanti di una conversazione è la tensione tra ciò che si sa e ciò che ancora non si conosce. Il mistero, se ben gestito, alimenta la curiosità. La confidenza, se ben dosata, crea vicinanza. Metterli insieme richiede sensibilità, e soprattutto tempo.

Molte persone, nella foga di voler colpire o di creare un legame in fretta, tendono a raccontare troppo, troppo presto. Condividono storie intime, esperienze personali o dettagli della loro vita che sarebbero più adatti a una conversazione di fiducia, maturata nel tempo. Il risultato? L'effetto sorpresa si brucia subito, e il mistero scompare.

D'altra parte, chi si chiude troppo e non rivela nulla di sé rischia di diventare una presenza piatta e imperscrutabile. Se ogni tentativo di approfondimento viene respinto, o se si risponde sempre con frasi vaghe e generiche, la conversazione finisce col sembrare una formalità, e perde ogni calore.

Trovare il giusto equilibrio significa sapersi raccontare con misura. Condividere qualcosa che dica chi sei, ma senza scoprire tutte le carte. Può essere un aneddoto divertente, una passione particolare, un dettaglio della tua giornata raccontato con un tocco personale. È importante che ci sia autenticità, ma anche una certa leggerezza.

Un buon consiglio è lasciare spazi aperti: racconti qualcosa, ma lasci anche il margine per una domanda. Offri un pezzetto della tua storia, ma lasci che sia l'altra persona a chiedere di più. Questo gioco tra ciò che si mostra e ciò che si lascia intravedere rende la conversazione dinamica, interessante, viva. Non c'è bisogno di impressionare: basta incuriosire, in modo genuino.

## Il ruolo dell'umorismo e dell'autoironia

L'umorismo è uno dei canali più potenti attraverso cui si crea complicità. Quando due persone ridono insieme, anche se solo attraverso uno schermo, si abbattono barriere, si attiva l'empatia, si rompe la tensione. Non a caso, molte delle conversazioni più riuscite iniziano o si consolidano proprio grazie a una battuta ben riuscita, a un'osservazione ironica, a un momento di leggerezza.

Ma attenzione: umorismo non significa cercare di essere divertenti a tutti i costi. L'ironia forzata, il sarcasmo eccessivo o le battute troppo "spinte" possono facilmente essere fraintesi, soprattutto nei primi scambi, quando ancora non si conoscono i confini dell'altra persona. Il segreto sta nella leggerezza, nell'autoironia, nella capacità di prendersi in giro senza denigrare se stessi o gli altri.

Ad esempio, se nel tuo profilo hai una foto mentre cucini e lei ti scrive "sei uno chef?", puoi rispondere con un sorriso scrivendo "solo quando il piatto non finisce bruciato… quindi diciamo una volta al mese." È un modo per essere simpatici, riconoscere i propri limiti con ironia e invitare l'altra persona a giocare con te, senza sentirsi sotto pressione.

L'umorismo, se usato con intelligenza, è anche un modo per mostrare sicurezza. Una persona che sa ridere di sé comunica apertura, maturità e spontaneità. È molto più efficace di chi cerca costantemente di sembrare perfetto o irresistibile.

Inoltre, scherzare su piccoli dettagli della conversazione, sulle situazioni quotidiane o su frasi dette da entrambi può diventare un linguaggio condiviso. Si crea una sorta di codice privato, qualcosa che è "solo vostro" e che rafforza il legame.

In definitiva, non è tanto la battuta perfetta a fare la differenza, ma l'atteggiamento che esprime. Una persona che sorride — anche attraverso le parole — è una persona che attira. E spesso, una risata condivisa vale più di mille complimenti.

# Capitolo 6: Segnali di interesse e di disinteresse

Uno dei momenti più delicati, ma anche più sottovalutati, nella comunicazione online è quello in cui iniziamo a chiederci se dall'altra parte c'è davvero un interesse autentico o solo una risposta educata, dettata dalla cortesia o dall'abitudine. Succede a tutti, prima o poi. Hai avviato una conversazione, tutto sembra andare bene, ma a un certo punto inizi a notare qualche segnale che ti lascia il dubbio: "Sta davvero flirtando con me, oppure è solo gentile?"

Sui social, interpretare questi segnali è ancora più complicato che dal vivo, perché mancano tutti quegli elementi fondamentali che ci aiutano a capire l'intenzione reale di una persona: il tono della voce, il contatto visivo, il linguaggio del corpo. Online, tutto passa attraverso parole scritte — spesso brevi, magari interrotte, magari vaghe — e questo rende la lettura del contesto molto più sottile.

Tuttavia, anche nel mondo digitale, esistono indizi preziosi che possono aiutarci a distinguere l'interesse genuino dalla semplice educazione. L'obiettivo di questo capitolo è proprio questo: imparare a leggere tra le righe. Non per diventare paranoici o per trasformare ogni chat in un'indagine, ma per sviluppare la consapevolezza necessaria a non perdere tempo in conversazioni unilaterali, a non forzare situazioni che non hanno futuro, e soprattutto a riconoscere con più lucidità quando vale la pena andare avanti — e quando è il momento di lasciar perdere.

Capire se l'altra persona è coinvolta o se sta semplicemente rispondendo per cortesia ti aiuterà non solo a evitare frustrazioni, ma anche a rispettare il tempo e lo spazio emotivo di chi hai davanti. Perché corteggiamento non significa insistenza, e costruire una connessione autentica parte sempre da un principio di reciprocità.

Nei prossimi paragrafi vedremo quali sono i segnali più comuni (positivi e negativi) a cui fare attenzione, come interpretare il tono e il ritmo della conversazione, e quando è il momento di tirare una riga e andare avanti con leggerezza. Perché non tutte le conversazioni sono destinate a diventare qualcosa di più — e va bene così.

## Come capire se le piaci davvero o se sta solo rispondendo per cortesia

Una delle prime cose da imparare, quando si parla di interazioni online, è che il fatto che una ragazza ti risponda non significa automaticamente che sia interessata. Può sembrare un'ovvietà, ma molti — soprattutto all'inizio — confondono la disponibilità con il coinvolgimento. La verità è che chiunque può rispondere per educazione, per gentilezza o semplicemente per evitare imbarazzi. Quello che conta davvero non è se risponde, ma **come** risponde.

L'interesse autentico si riconosce da piccoli ma chiari segnali. Una ragazza che è coinvolta non si limita a rispondere: lo fa con energia, con voglia. Le sue risposte sono più ricche, magari più lunghe o più curate. Ti fa domande a sua volta, si aggancia ai tuoi racconti, riprende qualcosa che hai detto in precedenza. Questi sono segnali preziosi: indicano che ti sta ascoltando davvero e che trova piacere nello scambio.

Un altro fattore da osservare è il ritmo. Non è importante che risponda subito — ognuno ha i suoi tempi — ma se la conversazione si mantiene viva, se c'è una certa costanza, se non devi sempre "riaccenderla" da capo, allora significa che anche dall'altra parte c'è voglia di continuare.

E poi c'è la questione dell'iniziativa. Se sei sempre tu a scrivere per primo, ogni volta, senza mai che lei si faccia avanti spontaneamente, è il caso di fermarsi e fare una riflessione. Dopo un po', è utile testare: smetti di scrivere tu per qualche giorno e osserva. Se lei non si fa viva, se tutto si spegne appena tu ti fermi, forse non c'era così tanto interesse come pensavi. Perché quando una persona è davvero coinvolta, un modo per farsi sentire lo trova.

Il tono dei messaggi è un altro indicatore fondamentale. Se nei suoi messaggi c'è ironia, gioco, condivisione, se si apre anche su aspetti un po' più personali, allora sì, si sta costruendo un legame. Ma se ricevi solo monosillabi, risposte standard, poco entusiasmo e nessuna domanda... probabilmente è un segnale che l'altra persona non è davvero dentro quella conversazione, anche se continua a portarla avanti per cortesia.

E infine, forse il punto più importante: la **reciprocità**. Una conversazione sana è come una danza, in cui entrambi i partecipanti fanno un passo. Se lei ti fa entrare nel suo mondo, se ti racconta qualcosa di sé, se ti manda un messaggio senza motivo preciso solo per condividere un pensiero, una battuta, una foto, una canzone, significa che ha piacere a coinvolgerti nella sua quotidianità.

Se invece ti accorgi che sei sempre tu a cercare, a proporre, a chiedere, a mantenere viva la connessione, e dall'altra parte c'è solo un'educata risposta ogni tanto, è il momento di essere onesti con te stesso. Non per rabbia o delusione, ma per rispetto del tuo tempo e della tua energia. Perché un interesse non corrisposto non è un fallimento: è semplicemente una strada che non porta da nessuna parte. E capirlo in tempo ti permette di fare spazio a connessioni più vere, più leggere, più reciproche.

## Segnali di allarme: quando è meglio smettere di insistere

Capire quando è il momento di fare un passo indietro è una delle competenze più sottovalutate, ma più preziose, nelle dinamiche sociali online. Non si tratta di arrendersi o di "mollare" facilmente, ma di **riconoscere quando l'energia non è reciproca** e agire di conseguenza, con lucidità e rispetto per sé stessi.

Spesso, quando si è coinvolti emotivamente o semplicemente attratti da una persona, si tende a ignorare i segnali più evidenti. Si giustifica ogni silenzio, ogni risposta fredda, ogni messaggio lasciato in sospeso. "Avrà avuto una giornata pesante", "Forse non ha letto", "Magari ha aperto il messaggio e poi si è distratta". Certo, può capitare. Ma quando questo schema si ripete più volte, e soprattutto quando la persona non mostra alcun tentativo di recuperare la conversazione o di creare un contatto, **è il momento di fermarsi e riflettere.**

Un messaggio visto ma senza risposta non è sempre un rifiuto, ma quando succede con frequenza e senza un seguito, diventa un messaggio implicito: **"non sono interessata"**. Se a ogni tuo messaggio corrisponde una risposta breve, impersonale, priva di emotività o senza spunti per continuare la conversazione, c'è da chiedersi se davvero stai investendo nel posto giusto.

Anche il **linguaggio del corpo digitale** dice molto. Il modo in cui una persona scrive, se usa emoji, se commenta in modo ironico o divertito, se aggiunge domande, sono tutti segnali di coinvolgimento. Se tutto questo manca, se ogni messaggio sembra una formalità, una cortesia per evitare malintesi o conflitti, forse è il momento di lasciare andare.

È importante ricordare che non sei lì per **convincere nessuno**, né per **vincere un gioco**. Le connessioni autentiche si basano su un dare e avere reciproco, su un interesse condiviso, non su una rincorsa. Se la sensazione è quella di rincorrere, è già un campanello d'allarme.

Saper riconoscere i segnali di disinteresse ti salva da frustrazioni inutili e ti libera spazio mentale ed emotivo per coltivare dialoghi più sani, autentici e piacevoli. Il vero rispetto parte da te: da quanto valore dai al tuo tempo, alla tua energia e alla tua capacità di connetterti.

---

# Come gestire le conversazioni che si spengono

Non tutte le conversazioni devono per forza durare. A volte nascono con entusiasmo, ma si affievoliscono nel giro di qualche giorno. E va bene così. Non è un fallimento, ma un'esperienza. Il segreto sta nell'accettare **il naturale ciclo delle interazioni**, senza forzarle o viverle come una sconfitta.

Le ragioni per cui una conversazione si spegne possono essere tante: mancanza di feeling, tempistiche diverse, interessi che non si incrociano davvero, o semplicemente la consapevolezza, da parte di uno dei due, che non c'è quella scintilla che vale la pena approfondire. In questi casi, il miglior atteggiamento è la **leggerezza**.

Se ti accorgi che lo scambio è diventato monotono, che le risposte sono sempre più brevi o che le tempistiche tra un messaggio e l'altro si allungano in modo evidente, non è detto che tu debba subito tagliare i ponti. Ma nemmeno che tu debba insistere a tutti i costi. **Fermati, osserva e ascolta.** A volte basta lasciare un po' di spazio per vedere se l'altra persona ha voglia di riprendere l'iniziativa. Altre volte, il silenzio è la risposta più sincera.

Un buon modo per testare il terreno, se vuoi dare un'ultima possibilità alla conversazione, è **ripartire da qualcosa di personale e concreto**, come un riferimento a un argomento già toccato o un dettaglio del suo profilo. Non farlo però con tono "richiesta di attenzione", ma con spirito aperto, come dire: "se ci sei, ci sono anch'io".

Se anche dopo questo tentativo non arriva nulla, o la risposta è svogliata, **chiudi la conversazione con eleganza.** Non serve chiedere spiegazioni, né chiudere con frasi passive-aggressive del tipo "vabbè, non sei interessata". Basta non scrivere più. Un silenzio rispettoso è più maturo di mille parole inutili.

E se ti accorgi che non è la prima volta che le tue chat finiscono così? Nessun problema. **Fa parte del gioco.** Ogni persona con cui parli online è un potenziale incontro, ma non un obbligo da mantenere. Sviluppare la capacità di lasciare andare è ciò che ti permette di essere più selettivo, più consapevole e, alla lunga, anche più sereno.

Il dialogo sui social non deve essere una corsa al risultato. Deve essere uno **scambio** che ti arricchisce, che ti incuriosisce, che ti fa sorridere. Se manca tutto questo, non è il caso di trattenersi.

# Capitolo 7: Quando proporre un incontro dal vivo

Arriva, prima o poi, il momento della verità: passare dalla chat allo sguardo. Dallo schermo al tavolino di un bar. Dalle battute in DM al "ci vediamo alle otto?". Ed è proprio qui che molti vanno in crisi. Perché finché si resta dietro una tastiera, tutto sembra sotto controllo. Ma proporre un incontro reale, in carne e ossa, cambia le regole del gioco.

Questo capitolo è dedicato a quel momento di transizione, che può essere tanto naturale quanto delicato. Capire quando è il momento giusto per proporsi, come farlo in modo semplice e non invadente, e soprattutto come leggere i segnali per non rovinare una buona sintonia virtuale con una mossa fuori tempo.

L'obiettivo, come sempre, non è "forzare" l'incontro, ma accompagnare l'intesa online verso qualcosa di più concreto. Perché per quanto ci si possa piacere a suon di like, messaggi vocali e reaction, è solo dal vivo che si capisce davvero se la connessione è reale.

Nel corso di queste pagine vedremo come evitare di sembrare precipitosi, come non restare eternamente impantanati nel limbo della chat e, soprattutto, come proporre un'uscita in modo naturale, coerente e rispettoso.

Perché se c'è interesse reciproco, il passo più logico è quello di vedersi. Ma come in ogni buon ballo, è tutta una questione di ritmo.

## Quanto aspettare prima di fare il passo

Una delle domande più comuni (e più temute) quando si parla di conoscenze nate sui social è: "Quando è il momento giusto per proporre di vedersi dal vivo?" La risposta, come spesso accade nelle relazioni umane, è: dipende. Ma ci sono alcune linee guida che possono aiutarti a evitare sia le corse avventate che le attese infinite.

Il primo errore è pensare che esista un tempo prestabilito: dopo tre giorni, una settimana, dieci messaggi... In realtà, il tempo giusto dipende molto più dalla qualità dello scambio che dalla quantità. Se la conversazione è fluida, se c'è interesse reciproco, ironia, se entrambi mostrate curiosità e coinvolgimento, è un buon segnale che si sta creando un minimo di intesa. In quel caso, aspettare troppo può far svanire la spinta iniziale. La chiacchiera virtuale, se si prolunga senza sbocchi, rischia di diventare un limbo in cui tutto resta sospeso.

Allo stesso tempo, proporre di vedersi troppo presto – magari dopo due messaggi scambiati in croce – può risultare affrettato o, peggio, far sembrare che tu sia più interessato a "concludere" qualcosa piuttosto che a conoscerla davvero. Se non hai ancora creato una base di scambio, di leggerezza, di fiducia, la proposta rischia di suonare fuori luogo.

Un buon momento per proporre un incontro è quando la conversazione comincia a diventare più personale, quando emergono interessi comuni e magari battute interne o riferimenti ricorrenti. Se lei ti racconta di un locale che le piace, di un hobby condiviso, o se cominciate a scrivervi con regolarità, senza sforzi forzati da parte tua, potresti cogliere l'occasione con qualcosa di semplice e diretto: "A proposito di quel posto che dicevi... potremmo andarci insieme, se ti va."

La proposta non deve suonare come un'uscita ufficiale o un invito impegnativo, ma come un'estensione naturale della conversazione. È sempre meglio mantenerla leggera, concreta e senza pressioni. Se ti risponde con entusiasmo o anche solo con un "perché no?", sei sulla strada giusta. Se invece tergiversa, cambia argomento o rimanda senza proporre un'alternativa... forse è il caso di rallentare e rivalutare.

Il tempismo, alla fine, non è solo una questione di calendario, ma di ascolto. Se sei attento ai segnali, saprai quando è il momento giusto per fare il passo. E se sbagli di poco, non è un dramma: l'importante è saperlo fare con rispetto, leggerezza e senza forzature.

## Come proporre un'uscita in modo naturale senza mettere pressione

Arriva, prima o poi, quel momento in cui ti chiedi: *"Ok, ora che ci scriviamo da giorni (o settimane), posso proporre di vederci dal vivo senza sembrare un maniaco?"* La risposta è sì, ma dipende da *come* lo fai. Perché se il primo messaggio è il biglietto da visita, il momento in cui proponi un'uscita è il test di maturità del corteggiamento digitale.

Innanzitutto, serve percepire il clima giusto. Se vi state scrivendo con una certa frequenza, c'è una sintonia crescente, e la conversazione scorre con naturalezza, è probabile che l'idea di vedervi non suonerà strana. Anzi, a un certo punto sarà quasi inevitabile. In questi casi, non c'è bisogno di una frase studiata a tavolino, né di scenari elaborati come se dovessi organizzarle la proposta di matrimonio sotto la Torre Eiffel.

Proporla come continuazione logica di uno scambio rende tutto molto più semplice e spontaneo. Ad esempio: se avete parlato di cibo per tre giorni di fila, puoi dire qualcosa tipo: *"Visto che ormai abbiamo parlato più di pasta che uno chef stellato... quando ci mettiamo alla prova con un vero aperitivo?"* Oppure: *"Sei tu che mi hai convinto a provare quel ristorante, quindi direi che almeno il primo giro lo offri tu."*

La parola d'ordine è leggerezza. Una proposta troppo rigida o carica di aspettative rischia di metterla sulla difensiva. Meglio usare l'ironia, il gioco, l'invito velato. Anche un *"Sai che potremmo continuare questa conversazione con una birra in mano?"* funziona mille volte meglio di un *"Possiamo vederci?"* che suona quasi come un'interrogazione a scuola.

Infine, ricorda: una proposta fatta bene non è mai un ultimatum. È solo un'opportunità che si apre. Se la coglie con entusiasmo, ottimo. Se tentenna, non insistere. La pressione, in queste dinamiche, è la cosa che più velocemente può spegnere un interesse appena acceso.

## Cosa fare se lei rifiuta o rimanda

E poi c'è l'altro lato della medaglia. Quello che molti temono, ma che fa parte del gioco: il *no*. Un rifiuto, una scusa, un rimando. Fa male? Forse un po'. Ma non dev'essere vissuto come un fallimento personale. Non sei stato bocciato a un esame. Semplicemente, non era il momento giusto. O magari non è la persona giusta.

Prima cosa da capire: non tutti i "no" sono uguali. Se ti risponde con gentilezza, magari spiegando che in questo momento ha la testa altrove o non se la sente ancora di incontrare persone dal vivo, può essere un "no, per ora". E se la conversazione continua in modo naturale anche dopo il rifiuto, è un buon segno: significa che il contatto non è stato interrotto, e che potresti avere ancora margine.

Diverso è il caso in cui il rifiuto è accompagnato da freddezza, o se la comunicazione inizia a diventare più distante. Lì conviene accendere il radar e valutare se stai semplicemente inseguendo qualcosa che non c'è.

Un altro indizio importante è il comportamento nei giorni successivi. Se dopo un rifiuto lei continua a scrivere con lo stesso tono, si interessa, fa domande, ti cerca… forse semplicemente ha bisogno di più tempo. Ma se inizia a rispondere meno, o solo per cortesia, è giusto prenderne atto. Forzare la mano può trasformarti da persona interessante a notifica indesiderata.

La tua reazione, in ogni caso, è ciò che fa davvero la differenza. Rispondere con maturità e ironia è la miglior strategia. *"Capito, ci riprovo nella prossima stagione… tipo primavera 2027?"* può strappare un sorriso e lasciare la porta socchiusa. L'importante è non mostrarsi delusi o insistenti.

In fondo, se hai fatto una buona prima impressione e sei riuscito a creare un dialogo vero, il tempo gioca a tuo favore. Ma se noti che tutto si regge solo sul tuo entusiasmo, allora sì, forse è il momento di risparmiare energie e passare oltre.

# Capitolo 8: Il primo incontro

Eccoci. Dopo giorni (o settimane) di messaggi, risposte, risatine via chat, domande e condivisioni, arriva il momento fatidico: vedersi dal vivo. Quel passaggio che può sembrare una formalità ma che, in realtà, rappresenta un vero punto di svolta. È il passaggio dalla dimensione virtuale, filtrata e protetta, a quella reale, con tutte le sue sfumature: voce, sguardo, movimenti, chimica. E sì, anche silenzi e imbarazzi.

Il primo incontro è spesso vissuto con una certa pressione. Da una parte l'entusiasmo – perché finalmente ci si conosce davvero – dall'altra l'ansia da prestazione: "E se dal vivo non scatta?", "E se c'è imbarazzo?", "E se non sono come se lo immagina?". Tranquillo, è normale. L'importante è ricordarsi una cosa: non stai andando a un provino. Non devi dimostrare nulla, né devi far colpo a tutti i costi. L'unica cosa che conta è creare un momento autentico, leggero, piacevole. Un'occasione per vedersi davvero, per sentire come ci si sta insieme, senza filtri.

In questo capitolo parleremo proprio di questo: **come organizzare un primo appuntamento che sia coerente con quello che avete costruito online**, come proporlo in modo naturale, come scegliere cosa fare senza strafare. E anche – cosa non scontata – come gestire le emozioni che possono emergere, da entrambe le parti. Perché sì, l'incontro dal vivo è una nuova fase, e non sempre va come previsto. A volte si conferma una bella intesa, altre volte no. Ma in entrambi i casi, il punto non è forzare l'alchimia... ma accorgersi se c'è.

Che tu sia alla tua prima uscita "da chat", o solo alla prima con *lei*, questo capitolo ti aiuterà a viverla con più leggerezza e consapevolezza. Senza stress, senza copioni, ma con qualche accortezza che può fare davvero la differenza.

## Come organizzare un appuntamento basato sugli interessi in comune

L'errore più comune quando si organizza un primo incontro?
Pensare di dover impressionare. Cena in ristorante chic, fiori, outfit
da red carpet... no, grazie. Quello funziona nei film romantici con
colonna sonora in sottofondo, non nella vita vera dove la cosa più
importante è *rompere l'imbarazzo iniziale* e permettere a entrambi
di essere naturali.

Ecco perché il miglior primo appuntamento è spesso quello più
semplice, ma pensato con attenzione. La vera domanda da farti non
è "cosa la sorprenderà", ma "cosa potrebbe piacerle davvero?".

Se durante la conversazione avete parlato di cibo, magari
accennando a quanto entrambi amiate lo street food, un giro in un
mercatino gastronomico o una piadineria di fiducia può essere
perfetto. Se condividete la passione per i libri, perché non
proporglielo vicino a una libreria con caffetteria annessa, dove
potete chiacchierare in modo informale?

Oppure, se entrambi amate camminare, un pomeriggio in un parco
può essere più rilassante (e meno pressante) di un'uscita serale in un
locale affollato. Il segreto sta nel rendere l'incontro coerente con ciò
che già vi unisce.

Evita situazioni troppo formali o rigide, soprattutto se non siete
ancora completamente a vostro agio. Meglio un ambiente neutro,
che permetta flessibilità. E soprattutto: evita appuntamenti lunghi "a
prescindere". Il primo incontro dovrebbe sempre lasciarvi la libertà
di capire com'è l'alchimia dal vivo, senza sentirvi costretti a restare
troppo a lungo se qualcosa non funziona.

In più, scegliere un'attività legata a un interesse comune ha un
vantaggio concreto: vi dà automaticamente argomenti di cui parlare.
Non partirete da zero, ma da qualcosa che già condividete. Il che, in

un primo incontro, può fare la differenza tra un silenzio imbarazzante e una conversazione naturale.

## Evitare l'ansia e apparire sicuri di sé

L'ansia da primo appuntamento è come il sottofondo musicale di ogni nuova conoscenza: può essere piacevole, fastidiosa o completamente fuori tempo. E nella maggior parte dei casi... si fa sentire. Ed è normale che sia così. Quando hai costruito una connessione virtuale con una persona, magari anche profonda, il momento in cui la incontri dal vivo può generare aspettative altissime. E proprio quelle aspettative possono diventare il tuo primo ostacolo.

Il problema non è l'agitazione in sé, ma il modo in cui reagisci ad essa. Tentare di sembrare rilassati quando si è tesi è il modo più rapido per risultare... ancora più tesi. Invece, la vera sicurezza nasce dal **non avere paura di essere imperfetti**. Una battuta un po' fuori tempo, un silenzio breve tra una frase e l'altra, un gesto nervoso: sono tutte cose umane, e spesso rendono anche più autentico un incontro.

Per apparire sicuro di te, non serve essere il più brillante, il più divertente o il più interessante della stanza. Basta essere coerente con chi sei. Se sei timido, va bene esserlo. Se sei espansivo, non contenerti per timore di esagerare. L'autenticità è la forma più elegante di carisma. E se qualcosa va storto, riderci sopra è la mossa più intelligente che puoi fare. **L'umorismo è un ottimo alleato, soprattutto quando è autoironico**: mostra che sai prenderti sul serio il giusto.

Un'altra chiave è spostare l'attenzione da te all'altra persona. Invece di pensare "Sto facendo una buona impressione?", prova a domandarti: "Mi sto divertendo con lei? Sto imparando qualcosa di nuovo su di lei?". Più sarai curioso e presente, meno spazio lascerai all'ansia. Ricorda: **l'obiettivo non è stupire, ma entrare in sintonia.**

# Cosa fare se il primo incontro non va come sperato

Ci sono incontri che scorrono lisci come una passeggiata al sole. E poi ci sono quelli che, già dopo pochi minuti, ti fanno pensare: "Ok, forse online era tutta un'altra cosa…". Succede. E succede spesso. Perché per quanto si possa parlare, scambiarsi messaggi, condividere interessi e battute, l'energia dal vivo è un'altra cosa. A volte si allinea, a volte no.

La prima reazione dovrebbe essere **non prenderla sul personale**. Il fatto che un appuntamento non sia andato bene non significa che tu abbia sbagliato qualcosa, né che lei lo abbia fatto. Magari c'era poca chimica, magari la giornata non era quella giusta, o semplicemente le vostre aspettative erano diverse. **Non tutti gli incontri devono portare a qualcosa. Alcuni servono solo a chiarire che non è la strada giusta. E va bene così.**

Se noti che l'atmosfera è fredda, che il dialogo fatica a partire, o che lei sembra poco coinvolta, non cercare di "salvare la serata" con sforzi forzati o eccessiva simpatia. Piuttosto, mantieni un atteggiamento educato, rilassato, e prendila come un'occasione per fare esperienza. **A volte la miglior strategia è accettare la realtà con leggerezza,** magari con una battuta che sdrammatizza la situazione: "Sai che mi sa che funzionavamo meglio come podcast?". Sorridi, ringrazia per l'incontro, e chiudi con dignità.

E se sei tu a percepire che la cosa non ti convince, ma non sai come dirtelo (o dirglielo), non c'è bisogno di sparire. Puoi concludere in modo cordiale, sincero ma rispettoso. "È stato un piacere conoscerti, ma credo che non ci sia quella scintilla che cercavo." È diretto, onesto, e ti fa guadagnare punti in classe e maturità.

Infine, se il primo appuntamento era promettente ma poi lei si raffredda, smette di scrivere o sparisce nel nulla, **non inseguire troppo a lungo**. Può essere deludente, certo, ma la verità è che se qualcuno è davvero interessato, trova il modo di restare. Se invece si defila senza spiegazioni, probabilmente non è una persona con cui costruire qualcosa di solido. **Meglio saperlo subito.**

Un appuntamento andato male non è una sconfitta. È solo una tappa del percorso, e ogni tappa, anche quella meno entusiasmante, ti avvicina di più a chi cerchi davvero.ù

# Capitolo 9: Autostima e comunicazione efficace

A questo punto del libro, abbiamo parlato di messaggi, approcci, timing, conversazioni e incontri. Tutti aspetti fondamentali per muoversi con disinvoltura nel mondo del corteggiamento online. Ma c'è un elemento che regge tutto il sistema, spesso invisibile ma presente in ogni scambio, in ogni frase, in ogni scelta: la percezione che hai di te stesso. In altre parole, la tua autostima.

Puoi conoscere tutte le strategie possibili, puoi sapere cosa scrivere e quando, puoi persino avere un profilo interessante e ben curato, ma se sotto sotto pensi di non essere abbastanza, se temi il giudizio o se vivi ogni messaggio con l'ansia di "piacere a tutti i costi", tutto il resto vacilla. La verità è che **la comunicazione più efficace nasce da dentro**, e non c'è algoritmo o frase d'effetto che tenga se non sei connesso prima di tutto con te stesso.

Questo capitolo è dedicato a quella parte meno visibile del corteggiamento, ma non per questo meno importante: la tua sicurezza personale, la capacità di esprimerti in modo autentico, il modo in cui trasmetti valore (senza doverlo dimostrare). E, forse ancora di più, il coraggio di essere te stesso — davvero, non solo per finta.

Perché in un mondo in cui molti cercano di apparire migliori di quello che sono, **essere autentici è una forma di distinzione**. E chi riesce a comunicare con fiducia, senza arroganza, senza maschere, guadagna punti in un modo che nessuna tecnica di scrittura può insegnare.

In questo capitolo parleremo quindi di come rafforzare la tua autostima, di come evitare gli errori più comuni nella comunicazione (come la compiacenza o la passività), e di come usare la vulnerabilità — quella vera, non quella costruita a tavolino — per creare connessioni più profonde e sincere.

Perché alla fine, il modo migliore per piacere agli altri... è iniziare a piacersi un po' di più da soli.

## Il valore dell'essere se stessi

"Essere se stessi" è una di quelle frasi che si sentono ovunque, al punto da sembrare quasi un cliché. Ma la verità è che è molto più difficile di quanto sembri. Perché "essere se stessi" richiede prima di tutto di sapere chi si è, e poi di avere il coraggio di mostrarsi senza filtri. Non è sempre facile, soprattutto in un contesto in cui si teme il giudizio, il rifiuto o il confronto con gli altri.

Sui social, questa difficoltà si amplifica. Sei in un ambiente in cui tutto è curato, selezionato, filtrato. E spesso la tentazione è quella di costruire un'immagine che pensi possa piacere, piuttosto che mostrare chi sei davvero. Ma c'è un rischio concreto: piacere a qualcuno che si è interessato a un personaggio che non ti rappresenta. E lì cominciano i problemi.

Essere autentici, invece, significa presentarsi per quello che si è, nel bene e nel male. Non vuol dire raccontare tutti i tuoi difetti al primo messaggio, ma nemmeno cercare di sembrare perfetto. **Le persone percepiscono l'autenticità.** E quella è la qualità che crea più fiducia di qualsiasi frase a effetto. Se ti piacciono le serie tv di nicchia, se hai un umorismo un po' strano, se sei introverso o logorroico... non c'è niente da "correggere". Devi solo imparare a comunicarlo nel modo giusto, senza giustificarti.

Questo vale anche nella gestione delle conversazioni: **non sentirti obbligato a rispondere sempre come ti aspetti che "dovresti" rispondere.** Se qualcosa ti mette a disagio, puoi dirlo con sincerità. Se un argomento non ti interessa, non devi fingere il contrario. E soprattutto: non avere paura del disaccordo. Essere d'accordo su tutto non è ciò che crea una connessione vera. Spesso, è proprio da una differenza di opinioni che nascono i confronti più interessanti.

Coltivare l'autenticità nella comunicazione non vuol dire abbassare la qualità di ciò che dici, ma **elevare la qualità di ciò che sei disposto a condividere**. Non serve impressionare, serve coinvolgere. E il coinvolgimento nasce dalla verità, anche quando è un po' imperfetta.

## L'importanza di non basare la propria felicità su una risposta positiva

Uno degli errori più comuni — e più pericolosi — nel corteggiamento digitale è quello di affidare la propria autostima alla risposta dell'altra persona. Se risponde, ci sentiamo brillanti. Se visualizza e non risponde, ci sentiamo invisibili. Se accetta un'uscita, pensiamo di valere qualcosa. Se rifiuta, tutto crolla. Ma vivere così, appesi all'approvazione esterna, è il modo più veloce per perdere fiducia in se stessi.

La verità è che **una risposta positiva può far piacere, certo, ma non può essere la misura del tuo valore**. Nessun like, nessun "sì" a un appuntamento, nessun messaggio particolarmente caloroso dovrebbe determinare quanto ti senti valido. Perché anche se ricevi un rifiuto, non significa che tu non sia interessante, simpatico o degno di attenzione: significa semplicemente che in quel momento, con quella persona, non si è creata una connessione. E questo è normale.

Imparare a staccare la tua autostima da ciò che accade all'esterno è uno dei regali più grandi che puoi farti. Ti renderà più libero, più autentico e — paradossalmente — anche più attraente. Le persone percepiscono quando qualcuno non ha bisogno di "piacere" a tutti i costi. E quella sicurezza tranquilla è molto più potente di qualsiasi frase ben costruita.

## Come sviluppare sicurezza nelle proprie capacità comunicative

Ma come si costruisce questa sicurezza, nella pratica? Innanzitutto, **partendo dall'esperienza**. Come in ogni abilità, più ti alleni, più diventi sicuro. Ogni conversazione è un'occasione per migliorare. Ogni messaggio inviato, ogni reazione ricevuta, ogni piccolo errore commesso: tutto contribuisce a rafforzare il tuo stile comunicativo.

Un altro elemento chiave è **il dialogo interiore**. Cosa ti dici quando stai per scrivere a qualcuno? Se nella tua testa c'è un continuo "Speriamo che non mi ignori" o "Magari non sono abbastanza interessante", è difficile comunicare in modo efficace. Cambia narrativa: pensa piuttosto "Vediamo se c'è sintonia" o "Mi va di conoscere questa persona, e va bene comunque vada". Sembra una sciocchezza, ma le parole che usi con te stesso cambiano radicalmente l'approccio che avrai con gli altri.

Inoltre, **accetta l'imperfezione**. Nessuno ha sempre la battuta pronta o l'idea brillante. A volte non saprai cosa dire, a volte dirai qualcosa di troppo. Fa parte del gioco. L'importante è non bloccarsi. Più riesci a essere naturale e rilassato, più la comunicazione diventa fluida. La sicurezza non nasce dalla perfezione, ma dalla familiarità con i propri limiti e dalla capacità di non farsene un problema.

Infine, **cerca sempre di rimanere fedele al tuo stile**. Non imitare chi ha un approccio più spavaldo se non ti rappresenta. Non forzare ironia o romanticismo se non sono nelle tue corde. L'unica comunicazione davvero efficace è quella che ti rispecchia. Quando parli (o scrivi) in modo coerente con chi sei, non solo ti sentirai più sicuro, ma attirerai anche persone più affini a te.

# Capitolo 10: Errori comuni e come evitarli

Anche con le migliori intenzioni e una buona dose di impegno, è facile inciampare in alcuni errori lungo il percorso del corteggiamento digitale. Non perché manchi intelligenza o fascino, ma perché spesso si sottovalutano certe dinamiche o si agisce per insicurezza, fretta o troppa prudenza. Questo capitolo è dedicato proprio a quegli scivoloni che rischiano di far deragliare anche le conversazioni più promettenti.

Parleremo degli errori più comuni, di quelli che si commettono quasi senza accorgersene: dall'essere troppo disponibili e accondiscendenti, al non saper dosare bene il coinvolgimento, fino alla famigerata friendzone, il territorio indefinito in cui l'interesse sentimentale viene frainteso o ignorato del tutto.

Ma attenzione: non si tratta di colpe o regole rigide da seguire. Piuttosto, l'idea è quella di prendere consapevolezza di certi atteggiamenti che, se corretti per tempo, possono fare la differenza tra una connessione reale e una conversazione che si spegne lentamente. Perché corteggiare non è questione di tecniche infallibili, ma di autenticità, buon senso e capacità di capire (ed evitare) ciò che potrebbe compromettere la relazione fin dal principio.

## La trappola della friendzone: come evitarla fin dall'inizio

La famigerata "friendzone" è quel limbo emotivo in cui una persona nutre un interesse romantico, mentre l'altra la vede soltanto come un amico. È una delle paure più diffuse quando si parla di approccio e relazioni, soprattutto sui social, dove la comunicazione spesso è più ambigua che chiara. Ma il punto chiave è questo: la friendzone non è una condanna inevitabile, e in molti casi può essere evitata semplicemente… essendo chiari fin da subito.

Il primo errore che porta a finire in questa zona grigia è l'eccessiva prudenza. Quando si ha paura di spaventare l'altra persona, si tende a smussare troppo il proprio interesse, a restare su conversazioni neutre, a non flirtare mai o a nascondere completamente l'intenzione romantica. Risultato? L'altro si abitua a vederti come una presenza piacevole, sì, ma innocua. E da lì uscire diventa molto più complicato.

Essere diretti, però, non significa dichiararsi dopo il secondo messaggio. Si tratta piuttosto di lasciare piccoli segnali che trasmettano il tuo interesse in modo sottile ma chiaro. Un complimento diverso dal solito, un commento leggermente provocatorio ma giocoso, un invito che ha un minimo di carica emotiva (una mostra, una cena, qualcosa che esca dalla sfera del "amici al bar"). Tutto questo aiuta a costruire un'identità precisa: non sei "uno dei tanti", ma qualcuno con cui può esserci anche un'intesa diversa.

Al contrario, se ti comporti sempre in modo neutro, se eviti qualsiasi forma di tensione o mistero, se sei troppo disponibile e assecondante… beh, stai praticamente dicendo: "Tranquilla, non mi interessi davvero". E se lo dici tu, lei ci crederà.

Infine, un altro elemento fondamentale è **il tempismo**. Restare troppo a lungo in uno scambio di messaggi senza mai fare un passo avanti, senza mai suggerire un incontro, può raffreddare anche l'interesse iniziale. Le cose vanno coltivate, certo, ma anche mosse. Se resti fermo troppo a lungo, lei andrà avanti da sola.

In breve: la friendzone si evita con una buona dose di autenticità, un pizzico di coraggio e la consapevolezza che flirtare, se fatto con rispetto, è il modo più sano di chiarire le proprie intenzioni. Meglio rischiare un "no" che vivere a lungo in un "forse" che non porta da nessuna parte.

# Quando scrivere e quando lasciar perdere: imparare a non forzare le cose

Uno degli errori più comuni, e allo stesso tempo più umani, è quello di voler "spingere" una conversazione quando dall'altra parte non c'è una vera risposta. Magari hai scritto un primo messaggio carino, hai fatto una battuta leggera, hai mostrato interesse per un dettaglio del suo profilo... ma lei ti risponde con frasi brevi, fredde o, peggio ancora, con un semplice "visualizzato".

In quel momento, molti vanno nel panico: "Magari non mi sono spiegato bene", "Forse era impegnata", "Provo a scrivere ancora". E così parte una seconda ondata di messaggi, spesso più incerti, più insistenti, magari anche più ansiosi. Il risultato? Se non c'era interesse prima, ora c'è solo fastidio.

Imparare a riconoscere quando è il caso di fare un passo indietro è un segno di maturità, non di debolezza. Non si tratta di arrendersi al primo silenzio, ma di capire la differenza tra corteggiamento e inseguimento. Un messaggio che non riceve risposta è già una risposta. Forzare una connessione non crea magia, crea pressione.

Chi è davvero interessata, anche solo incuriosita, troverà un modo per alimentare lo scambio. Magari risponderà con entusiasmo, magari con una domanda, magari con una reazione a una tua storia. Se invece tutto quello che ottieni è un monosillabo o il silenzio, prova a pensare a quanto valore stai dando al tuo tempo e alla tua energia. La cosa più attraente, paradossalmente, è saper voltare pagina con eleganza quando non si è ricambiati.

# Perché il "giocare duro" non funziona più nel mondo digitale

Una volta si diceva: "Fatti desiderare." Nell'epoca dei social e delle app, però, questo consiglio è diventato un'arma a doppio taglio. Il "gioco del mistero" può sembrare seducente nelle prime fasi, ma se portato all'estremo rischia di far passare un messaggio completamente sbagliato: che non ti interessa davvero. E in un mondo dove l'interesse va guadagnato in pochi secondi, fare il vago è come chiudersi una porta da soli.

La dinamica è cambiata: oggi essere autentici e presenti è molto più potente che fingere distacco. Questo non significa scrivere ogni due minuti o mostrare un entusiasmo esagerato, ma neanche rispondere dopo due giorni solo per non sembrare troppo disponibili. Se ti piace una persona, dimostrarlo con naturalezza è un punto a favore, non una debolezza.

Essere chiari nelle intenzioni, presenti nel dialogo e sinceri nei gesti ti farà apparire sicuro, diretto e maturo. E se l'altra persona è sulla stessa lunghezza d'onda, risponderà allo stesso modo. Se invece scappa perché sei stato troppo "facile da leggere", forse non era la persona giusta.

In conclusione: smettila di giocare a fare il difficile. Nel mondo digitale vince chi sa creare connessioni vere, non chi sa far finta meglio. Essere te stesso, con i tuoi tempi, il tuo stile e il tuo modo di comunicare, sarà sempre la strategia più efficace e duratura.

# Capitolo 11: Corteggiamento su Instagram – Come trasformare un social in una connessione reale

Instagram è il bar virtuale del nostro tempo. È il posto dove le persone condividono passioni, momenti, idee, emozioni. Ed è proprio qui che, spesso, nascono i primi segnali di interesse tra due persone. Non è una piattaforma di dating nel senso stretto del termine, ma oggi è forse la più usata per conoscersi, incuriosirsi e… flirtare. Tutto inizia con un like, continua con una reazione, si sviluppa in una conversazione.

Ma se da un lato è pieno di possibilità, dall'altro è pieno anche di insidie. Il confine tra un approccio simpatico e uno fastidioso è sottile. Per questo, se vuoi davvero usare Instagram per creare un'interazione che abbia senso, devi saperlo fare con stile, attenzione e rispetto.

Instagram può essere un alleato potentissimo per il corteggiamento, ma solo se lo vivi per ciò che è: un social dove la connessione nasce dalla leggerezza, dall'osservazione e da un tocco di personalità. Evita i copia-incolla, le avances goffe e le interazioni meccaniche. Sii curioso, attento, autentico.

Usa le sue storie per aprire porte, i suoi post per scoprire cosa le piace davvero, e i tuoi messaggi per raccontare qualcosa di te senza raccontare troppo. Ricorda: nel corteggiamento su Instagram, chi riesce a sembrare spontaneo... spesso è quello che ha capito davvero il gioco.

# Il corteggiamento su Instagram è una maratona, non uno sprint

Su Instagram non si va "dritti al punto". Al contrario, funziona come un gioco a strati: si parte da piccoli segnali, si costruisce fiducia, si lascia spazio alla curiosità. Più che dichiararsi, qui si *suggerisce*. Si flirta con leggerezza. Si entra in punta di piedi. E spesso funziona meglio così.

Instagram ti permette di vedere (e far vedere) chi sei, senza dire troppo. È un terreno perfetto per giocare tra le righe, usando ironia, contenuti e piccoli gesti.

---

### Fase 1: Fatti notare senza forzare

Prima ancora di scrivere un messaggio, il tuo obiettivo è *entrare nel radar*. Come? Con interazioni discrete ma costanti. Un like ogni tanto, una reaction a una storia, un commento intelligente (non un'emoji o un complimento vuoto) sotto un post che lo merita.

**Esempio sbagliato:**
🔥 🔥 🔥 (sotto una foto in costume)

**Esempio più efficace:**
"Scena da film, ma il cane è chiaramente la star della foto."

**Oppure:**
"Finalmente qualcuno che va in montagna senza scrivere 'aria pura' nella caption. Grazie."

Piccoli commenti come questi mostrano che hai senso dell'umorismo, intelligenza e occhio per i dettagli. E questo è molto più attraente di una faccina col cuore.

---

Fase 2: Rompi il ghiaccio in privato, ma solo se c'è un appiglio

Mai lanciarsi nei DM a freddo con un "ciao, tutto bene?". Lo abbiamo detto mille volte, ma vale doppio su Instagram. Scrivi solo quando c'è un appiglio reale: una storia, un post, un reel, qualcosa che possa creare un ponte tra te e lei.

**Esempi di messaggi efficaci legati a una storia:**

- Ha postato una foto al ristorante?
  "Mi sembra di riconoscere il piatto… dimmi che è quel posto nuovo in zona Navigli, perché se lo è, mi hai appena convinto a provarlo."
- Ha condiviso un libro?
  "Avevo quel libro in lista da settimane. Lo promuovi a pieni voti o è uno di quelli che parte bene e poi si perde?"
- Ha pubblicato una storia in cui suona uno strumento?
  "Ok, ma nessuno aveva avvisato che fossi una musicista. Dov'è l'album su Spotify?"

L'idea è sempre la stessa: mostrati interessato a ciò che lei mostra, ma fallo con ironia, leggerezza e senza sembrare un'intervista.

---

Fase 3: Continua la conversazione con intelligenza

Una volta ottenuta una risposta, gioca bene la palla. Non cadere nella trappola dell'interrogatorio, ma nemmeno in quella del monologo. Fai domande che stimolino uno scambio, che aprano porte. E lascia spazio per risposte che non siano solo "sì" o "no".

**Esempio sbagliato:**
"Ti piace leggere?"

**Esempio più interessante:**
"Mi sa che sei una di quelle persone che finiscono un libro in due

giorni e poi ne parlano come se fossero amici dell'autore. Confermi?"

Inoltre, puoi usare i suoi contenuti per approfondire. Se ad esempio posta spesso contenuti su viaggi, arte o sport, puoi costruire uno scambio partendo da un interesse comune.

---

Fase 4: Gioca con l'ironia, ma resta autentico

L'umorismo su Instagram è la moneta sociale più efficace. Ma attenzione: deve essere spontaneo e non eccessivamente costruito. Sii ironico, ma non sarcastico. Fai battute, ma non esagerare con meme e sticker. L'equilibrio è fondamentale.

**Esempio ben dosato:**
"Sei tra quelli che mettono i filtri anche al caffè della mattina o qui si gioca al naturale?"

**Esempio da evitare:**
"Bel profilo. Sei così anche nella vita reale o solo con la luce giusta?"

Quello che può far sorridere un tuo amico, può far storcere il naso a una sconosciuta. Gioca, ma gioca bene.

---

FASE 5: QUANDO SPOSTARSI FUORI DA INSTAGRAM

Se la conversazione prosegue, se lei risponde con interesse, ti cerca, ti coinvolge... allora è il momento giusto per spostare il contesto.

Puoi proporre di continuare su WhatsApp o Telegram, ma fallo in modo naturale.

**Esempio diretto ma leggero:**
"Ti va se ci spostiamo su WhatsApp? Così evitiamo che Instagram si mangi i messaggi o li trasformi in geroglifici."

Oppure, se il dialogo è molto ironico:
"Ok, a questo punto direi che siamo ufficialmente vittime dell'algoritmo. Meritiamo una chat vera."

## Conclusione – Instagram: più che uno schermo, un'opportunità

Instagram non è solo una vetrina di foto e storie patinate. Se usato con intelligenza, può essere uno strumento efficace per creare connessioni autentiche, costruire curiosità e, perché no, far nascere qualcosa di reale a partire da una semplice interazione virtuale.

Approcciare su Instagram non richiede frasi brillanti o mosse da illusionista: richiede attenzione, rispetto e un pizzico di personalità. Basta poco per distinguersi, ma quel "poco" deve essere sincero. Non serve sembrare qualcuno che non sei, né lanciarsi in messaggi costruiti a tavolino. Piuttosto, osserva, ascolta e trova un modo leggero per entrare in dialogo.

Ricorda sempre che dietro a ogni profilo c'è una persona, non un algoritmo da sbloccare. E le persone, anche online, riconoscono quando qualcuno è davvero interessato a conoscerle, non solo a impressionarle.

Se saprai avvicinarti con garbo, ironia e autenticità, Instagram smetterà di essere solo un social e diventerà un punto di partenza. Per una conversazione vera. Per un incontro. O per scoprire che, a volte, anche attraverso uno schermo, si può iniziare qualcosa di speciale.

# Capitolo 10: Corteggiare su Facebook – tra post, like e vecchie conoscenze

## Facebook, davvero? Funziona ancora?

Ebbene sì: sebbene oggi sembri meno "sexy" rispetto ad altri social più recenti, Facebook rimane una piattaforma interessante per costruire connessioni, soprattutto quando si tratta di interagire con persone che si conoscono già, anche solo di vista. È lo spazio delle ex compagne di scuola, delle amiche in comune, delle conoscenze di vecchia data che, magari, non hai mai avuto il coraggio di approcciare dal vivo... ma che sono sempre lì, a portata di bacheca.

Facebook è il social dell'apparente informalità, dove tutto sembra più "casuale", ma proprio per questo può diventare terreno fertile per far nascere qualcosa, purché si sappia come muoversi.

## Il vantaggio: il pretesto è servito

A differenza di Instagram o TikTok, dove tutto è immagine e rapidità, su Facebook hai spesso più contesto. Ci sono post, link condivisi, commenti, gruppi, interessi comuni. In altre parole: più occasioni per entrare in conversazione senza sembrare fuori luogo.

Hai visto che ha commentato un post su un libro che hai letto anche tu? Ottimo spunto.

Ha pubblicato una riflessione sul viaggio che ha appena fatto? Perfetto per un messaggio privato con una domanda o una battuta intelligente.

Partecipate a un gruppo simile o seguite la stessa pagina? Ancora meglio. Puoi iniziare con qualcosa come:

*"Ma anche tu fai parte del gruppo dei fan di quella serie? Finalmente qualcuno con gusti decenti!"*

## Attenzione: differenzia l'interazione pubblica da quella privata

Uno degli errori più comuni su Facebook è il "corteggiamento da commento": like su ogni post, cuoricini sulle foto, reazioni esagerate e commenti troppo smielati sotto i contenuti pubblici. Non solo può risultare poco elegante, ma rischi anche di sembrare uno tra tanti... o peggio, quello un po' appiccicoso.

Meglio usare i commenti con intelligenza, magari per inserirsi in una conversazione con ironia o intelligenza, e poi – se il terreno lo consente – passare a un messaggio privato. La chiave è la gradualità. Non buttarti a pesce alla prima foto carina, ma costruisci piano piano una presenza leggera e coerente.

## Come scrivere il primo messaggio su Facebook

Qui il margine per essere diretti è un po' più ampio rispetto ad altre piattaforme. Non serve nascondersi dietro mille pretesti: se avete amici in comune o se vi siete già incrociati online, puoi tranquillamente usare un messaggio come:

*"Ehi, ogni volta che leggo un tuo commento sotto quel post mi viene da ridere. Mi sa che condividiamo lo stesso sarcasmo. Ho pensato di scriverti, finalmente."*

Oppure, se il contatto è più "laterale":

*"Ok, non ci conosciamo di persona ma tra amici in comune e post condivisi... mi sa che Facebook ci sta lanciando qualche segnale."*

L'importante, come sempre, è mantenere un tono leggero, rispettoso e non troppo impostato. Niente messaggi infiniti, niente dichiarazioni di intenti. Sei lì per iniziare una conversazione, non per proporre un contratto sentimentale.

## Quando Facebook funziona meglio

- Se conosci già la persona, anche solo di vista
- Se condividete amici o contesti simili (gruppi, eventi, community)
- Se vuoi iniziare in modo soft, senza pressioni eccessive
- Se preferisci una comunicazione un po' più articolata rispetto al mordi-e-fuggi di Instagram o Tinder

## Quando Facebook è meno efficace

- Se non avete nessun legame diretto o amici in comune
- Se il suo profilo è molto chiuso o poco aggiornato
- Se non ci sono contenuti recenti con cui interagire
- Se ti riduci a mettere like a raffica senza mai scrivere nulla

# Esempi di messaggi su Facebook

- Facebook offre molte più informazioni rispetto ad altre piattaforme: post, foto, gruppi, condivisioni. Tutto può diventare uno spunto per iniziare una conversazione. Ma attenzione: usare queste informazioni richiede equilibrio. Non si tratta di analizzare ogni dettaglio, ma di cogliere un pretesto naturale per rompere il ghiaccio.


- **Scenario 1: avete amici in comune e lei pubblica spesso post ironici o riflessivi**
  **Messaggio efficace**
  "Devo dirtelo: ogni volta che leggo un tuo post finisco per ridere o riflettere (a seconda della giornata). Hai un modo di

77

scrivere che non passa inosservato. Se mai ti capita di aprire un blog, sappi che avrai un lettore in più."

- Perché funziona: è spontaneo, mostra attenzione e crea un contatto autentico. Non forza la mano, ma lascia intendere che ti ha colpito il modo in cui si esprime.

- **Scenario 2: ha pubblicato foto di un viaggio o evento recente**
  **Messaggio efficace**
  "Quelle foto di Lisbona sono spettacolari. Ci sono stato anche io qualche anno fa, ma la luce nelle tue foto sembra migliore. Sospetto che o hai un ottimo occhio… o un filtro segreto che voglio scoprire."
- Perché funziona: crea un punto di contatto, condivide un'esperienza simile e aggiunge una battuta leggera per rendere la conversazione più dinamica.

- **Scenario 3: siete nello stesso gruppo Facebook**
  **Messaggio efficace**
  "Non so se sei tu quella che ha commentato sulla serata cinema anni '90… ma se sì, devo dire che la scelta di 'Ritorno al futuro' come miglior trilogia è da manuale. Hai appena alzato l'asticella per chiunque voglia parlare con te di film."
- Perché funziona: sfrutta un contesto comune, fa un complimento intelligente e lascia spazio a una risposta giocosa.

# Errori da evitare su Facebook

- Nonostante l'apparente informalità, Facebook può diventare un campo minato se usato nel modo sbagliato. Ecco alcuni errori da evitare:
- **Commentare ogni singolo post o foto pubblica**
Far sentire la propria presenza non significa essere ovunque. Un paio di interazioni ben pensate sono più efficaci di una pioggia di like o commenti che sembrano forzati. Troppa attenzione può diventare fastidiosa.
- **Scrivere messaggi impersonali o generici**
Frasi come "ciao, tutto bene?" non attirano e non dicono nulla sul motivo per cui stai scrivendo. Soprattutto se non avete mai interagito prima.
- **Essere troppo formali o impostati**
Facebook è una piattaforma sociale, non una riunione di lavoro. Messaggi troppo impostati rischiano di creare distanza. È meglio mantenere un tono rilassato, diretto ma rispettoso.
- **Proposte dirette e premature**
Chiedere di uscire al primo messaggio, senza nemmeno uno scambio precedente, è spesso percepito come invadente. Prima costruisci un minimo di dialogo, poi valuta se c'è un margine per proporre qualcosa.

# Focus: come gestire bene le chat su Facebook (Messenger)

- Le conversazioni su Messenger sono generalmente più "rilassate" rispetto a quelle su Instagram o Tinder. Hai più spazio per raccontarti, per argomentare e instaurare un dialogo meno frettoloso. Ma questo può essere sia un vantaggio che una trappola.
- **Qualità, non quantità**
Meglio un messaggio breve e brillante che un testo troppo lungo. Evita di mandare lunghi paragrafi su te stesso: lascia

spazio all'altro di rispondere e contribuire alla conversazione.

- **Rispetta i segnali**
Se l'altra persona risponde con ritardo, con messaggi brevi o poco entusiasti, non insistere. È sempre meglio fermarsi un attimo e osservare se c'è davvero interesse.

- **Collegati a ciò che pubblica o condivide**
Un contenuto condiviso può diventare il punto di partenza di uno scambio interessante. "Ho visto quel post sulla musica italiana che hai condiviso. Ora però mi devi spiegare perché metti Battisti davanti a De André…"
Domande di questo tipo stimolano la conversazione e rivelano personalità.

- **Non temere i silenzi**
Non ricevere una risposta immediata non significa automaticamente disinteresse. In un contesto più lento come Facebook, anche le pause fanno parte della conversazione. Imparare a gestirle senza ansia è un segno di sicurezza.

- **Alterna leggerezza e profondità**
Un messaggio ironico seguito da una domanda più personale aiuta a mantenere la conversazione dinamica. Non serve essere sempre brillanti, ma nemmeno sempre seri.
L'equilibrio è la chiave.

## Conclusione

Facebook, per quanto possa sembrare superato rispetto ai social più "veloci" e visivi come Instagram o TikTok, resta uno degli strumenti più sottovalutati quando si parla di connessioni autentiche. A differenza delle piattaforme incentrate solo sull'immagine, qui hai accesso a molto più contesto: pensieri, passioni, idee, interazioni nei gruppi, post condivisi. E se sai osservare con attenzione, questi elementi diventano occasioni perfette per avviare una conversazione che abbia davvero qualcosa da dire.

Il vantaggio principale? Su Facebook è più facile mostrare chi sei davvero. Hai spazio per essere ironico, per raccontarti con calma, per costruire un'interazione che non sembri frettolosa o guidata solo dall'attrazione fisica. Ma proprio perché il terreno è più ampio, serve anche maggiore sensibilità: evitare forzature, saper dosare l'interesse, leggere i segnali con intelligenza.

In definitiva, se usato con intelligenza e autenticità, Facebook può rivelarsi un alleato prezioso. Non perché ti garantisca risultati rapidi, ma perché ti permette di costruire qualcosa di più solido e interessante. In un mondo digitale fatto spesso di apparenza e scroll compulsivi, saper comunicare con calma, leggerezza e profondità fa davvero la differenza.

E ricordati: ogni messaggio è un'occasione. Ma solo se nasce da un reale desiderio di conoscere l'altro, e non da una semplice voglia di riempire il tempo.

# Capitolo 12: Tinder – L'arte dell'incontro (potenzialmente) immediato

Tinder è, nel bene e nel male, il simbolo dell'incontro veloce nell'era digitale. Nato come app di dating "casual", è oggi una delle piattaforme più popolari per conoscere nuove persone, con dinamiche tanto semplici quanto spietate: swipe a destra se ti piace, a sinistra se no. Un match, una chat, e potenzialmente... un appuntamento. Ma proprio perché il meccanismo è rapido, il rischio di scivolare nell'approccio banale o nella superficialità è altissimo.

In questo capitolo vedremo come usare Tinder in modo intelligente, come scrivere una bio che attiri le persone giuste, quali sono i primi messaggi che funzionano davvero (e quelli che invece è meglio evitare) e come passare dal match all'incontro reale senza sembrare precipitosi o invadenti

## 1. Il tuo profilo: meno filtri, più personalità

Su Tinder l'immagine conta. È inevitabile. Ma proprio per questo motivo, costruire un profilo autentico e interessante ti farà distinguere in mezzo a centinaia di volti che si somigliano tutti dopo pochi minuti di scrolling.

**Foto:**
Evita l'album fotografico da influencer o le immagini da catalogo. Una buona regola: la prima foto deve essere chiara, sorridente, recente. Niente occhiali da sole fissi, niente pose da duro o selfie allo specchio. Inserisci almeno 3-4 immagini che raccontino qualcosa di te: un hobby, un viaggio, una situazione sociale. Sii spontaneo. Sì, anche su Tinder.

**Bio:**
Qui vincono due cose: ironia e autenticità. Meglio una frase ben pensata che un elenco di aggettivi. Un esempio:

*"Cerco qualcuno con cui litigare su quale sia la pizza migliore (e poi mangiarla insieme comunque). Non faccio match con chi odia i cani o non sa cos'è una moka."*

È breve, personale, leggera e lascia spazio per un commento. La bio non è un curriculum: è un invito a iniziare una conversazione. Non ti vendere, raccontati.

## 2. Il primo messaggio dopo il match: no alla pigrizia

Il match è solo l'inizio. Se ti limiti a un "Ciao" o un "Come va?", sei già in svantaggio. Ricorda che su Tinder la quantità di messaggi ricevuti, soprattutto da parte delle donne, è altissima. Il modo in cui ti presenti fa la differenza.

**Esempi di messaggi efficaci:**

- *"Ok, scommetto che sei nel team ananas sulla pizza… dimmi che mi sbaglio."*
- *"Nella tua bio hai detto che ami i film horror… quindi anche tu hai guardato The Ring da piccolo e non hai dormito per una settimana?"*
- *"Non voglio iniziare con un 'ciao', quindi partiamo da una domanda seria: mare o montagna?"*

Punta su qualcosa che faccia sorridere o che si colleghi a un elemento del suo profilo. La chiave è sembrare spontaneo, curioso e diverso dagli altri.

## 3. Errori da evitare su Tinder

**Essere troppo generici:**
"Ehi", "Sei carina", "Cosa fai nella vita?" sono frasi consumate.
Personalizza il tuo approccio o verrai dimenticato in pochi secondi.

**Essere troppo espliciti:**
Tinder viene spesso associato al flirt spinto, ma la linea tra
seduzione e volgarità è sottile. Evita commenti allusivi o domande
fuori luogo. Il rispetto resta il punto di partenza.

**Chattare troppo a lungo senza concludere nulla:**
Restare settimane a parlare senza mai proporre nulla può far perdere
interesse. Se c'è feeling, proponi un incontro reale in modo
naturale, senza fretta ma con decisione.

## 4. Quando (e come) proporre di vedersi

Hai trovato il giusto ritmo di conversazione, c'è scambio, ironia e
interesse. Perfetto. Ora, prima che la chat si esaurisca, arriva il
momento di proporre qualcosa.

**Esempio di messaggio efficace:**

*"Ok, abbiamo parlato abbastanza da farci seguire da Netflix. Direi
che è ora di prenderci un caffè dal vivo e continuare la nostra
'serie' in versione reale."*

O ancora:

*"Domanda seria: sei più da aperitivo all'aperto o tazza di tè in una
libreria? Potremmo testarlo dal vivo..."*

L'obiettivo è non rendere l'invito una pressione, ma una naturale
evoluzione del dialogo.

## 5. Tinder non è solo "un'app da rimorchio"

Se lo usi con intelligenza, Tinder può essere uno spazio per incontri sinceri. Non tutte le persone vogliono la stessa cosa: c'è chi cerca solo svago, chi nuove conoscenze, chi relazioni più serie. Chiarire con garbo le proprie intenzioni è utile a evitare incomprensioni. Sii onesto, sia con l'altro che con te stesso.

## Conclusione

Tinder è veloce, immediato e, a volte, spietato. Ma dietro ogni match c'è comunque una persona, e la chiave sta proprio lì: portare un tocco di umanità in una piattaforma dove spesso si dimentica che dietro ogni profilo c'è una storia.

Non serve essere perfetti, né brillanti a ogni costo. Serve essere coerenti, rispettosi, e capaci di leggere l'energia giusta. Non tutti i match diventeranno qualcosa, ed è normale così. Ma se impari a usare Tinder come un luogo di scoperta più che di conferma, potresti sorprenderti.

E alla fine, tutto parte da una semplice domanda fatta nel modo giusto.

# Capitolo 13: TikTok – Seduzione a ritmo di algoritmo

TikTok è la nuova frontiera dell'interazione digitale, un mix esplosivo di creatività, spontaneità e algoritmi intelligenti. A differenza di altre piattaforme, qui il contenuto viene prima della connessione diretta: si conquista l'attenzione non con un messaggio in privato, ma con un video che arriva al momento giusto, nel modo giusto, e — se sei fortunato — sulla "For You Page" della persona che vuoi conquistare.

Ma cosa significa approcciare qualcuno su TikTok? Come si crea un contatto autentico in un mondo fatto di trend, suoni virali e video di 15 secondi? E soprattutto: come evitare di sembrare un follower di troppo o un "commentatore seriale"?

In questo capitolo, vedremo come costruire interazioni credibili su TikTok, quali sono gli errori più frequenti e come passare dalla sezione commenti a un vero scambio diretto (senza bruciare tutte le possibilità).

## 1. Come nasce l'interazione su TikTok

Su TikTok l'approccio non è quasi mai immediato. A differenza di Instagram o Tinder, dove il contatto è diretto, qui si parte da un punto molto più sottile: l'osservazione. Si scopre qualcuno attraverso ciò che pubblica — balli, video ironici, monologhi, trend, contenuti creativi — e l'interesse nasce gradualmente.

Il primo passo, quindi, non è scrivere un messaggio, ma **farsi notare nel modo giusto**: con un commento intelligente, un duetto creativo, un like mirato. Serve pazienza, ma soprattutto autenticità. L'obiettivo non è "buttarsi a caso", ma **interagire con personalità e rispetto**.

## 2. Come farsi notare senza sembrare un fanboy

L'errore più comune su TikTok è comportarsi come uno spettatore ossessivo: like a raffica, commenti generici su ogni video, reaction troppo esplicite. Il risultato? Diventi parte della folla, non qualcuno che si distingue.

Meglio invece concentrarsi su:

- **Commenti leggeri e originali**, magari legati al contenuto:
  *"Ok, ora voglio sapere com'è andata a finire quella storia con il caffè rovesciato..."*
  *"Hai appena vinto il premio 'miglior uso ironico di un trend del 2024'."*
- **Duetti o stitch creativi**, se ti senti a tuo agio a metterti in gioco:
  Se lei fa un video ironico su una situazione imbarazzante, puoi farne uno tuo con la tua versione della stessa situazione. È un modo per creare una connessione usando il linguaggio della piattaforma.
- **Risposte alle storie (se usa TikTok Now o ha il profilo attivo nei DM)**:
  Non forzare, ma se arriva il momento giusto — magari dopo un paio di scambi nei commenti — puoi rispondere con discrezione e tono amichevole.

## 3. Quando (e come) scriverle in privato

TikTok permette l'invio di messaggi diretti **solo se si è follower a vicenda**, quindi il contatto privato avviene solo dopo un "match" implicito. Questo è un vantaggio: se puoi scriverle, vuol dire che lei ti ha già notato o ricambiato l'interesse.

Ma attenzione: arrivare ai messaggi privati **non significa che hai campo libero**. È qui che si gioca la vera partita. Il primo messaggio deve essere coerente con il tono dei contenuti pubblici. Se lei fa video ironici, non partire con un messaggio impostato. Se parla di libri o musica, non scrivere un banale "ciao, tutto bene?".

**Esempi di primo messaggio su TikTok:**

- *"Non pensavo che TikTok mi facesse scoprire una fan di Bowie e del ramen nella stessa persona. Complimenti."*
- *"Dopo il tuo video sul 'date perfetto', adesso sono curioso: e se ti invitassi per il peggior caffè della città?"*
- *"Mi hai salvato la giornata con quel video sul lunedì mattina. Ora però voglio sapere se esistono i tuoi 'martedì da manuale'."*

## 4. Errori da evitare su TikTok

**Essere troppo insistenti nei commenti:**
Due o tre commenti ben piazzati valgono più di dieci like consecutivi o messaggi ripetuti. Fatti notare, non inseguire.

**Scrivere in privato senza alcuna interazione precedente:**
Se non c'è stata neanche una risposta a un commento o un follow reciproco, buttarti nei messaggi è percepito come fuori luogo. TikTok è meno "social" e più "contenutistico": rispettane il linguaggio.

**Scimmiottare i trend per piacere:**
Se non sei credibile in un certo tipo di contenuto, evita di usarlo solo per attirare l'attenzione. L'autenticità funziona sempre meglio della performance forzata.

**Fare complimenti generici sul fisico:**
"Sei bellissima" è il commento che riceve chiunque abbia un minimo di visibilità su TikTok. Non è un modo per distinguersi, anzi: è il modo più veloce per passare inosservato.

## 5. Quando è il momento di passare a un altro canale

TikTok, per sua natura, non è pensato per conversazioni lunghe. Se lo scambio diventa interessante, il passo successivo è **trasferirsi su Instagram o WhatsApp**, dove puoi costruire una connessione più stabile.

Come proporlo?

- *"Qui mi sa che siamo un po' limitati... ti va di continuare la conversazione su IG?"*
- *"Prometto zero balletti, ma su Instagram potrei avere qualche contenuto degno del tuo giudizio."*

Fallo con leggerezza, senza forzare. Se c'è interesse, lo spostamento sarà naturale.

## Conclusione: TikTok richiede il tuo stile, non una strategia

Su TikTok conta la creatività, ma anche la coerenza. Non devi diventare un creator per conquistare qualcuno, ma devi saper comunicare con autenticità nel linguaggio della piattaforma. Se sei divertente, sii divertente. Se sei riflessivo, usa i contenuti in modo più profondo. L'importante è **non inseguire una maschera**, ma usare TikTok come un'estensione della tua personalità.

Il vantaggio? Se riesci a creare un contatto autentico qui, hai già dimostrato di avere senso dell'umorismo, capacità di osservazione e spirito leggero. E, nel gioco del corteggiamento digitale, queste sono qualità che valgono molto più di un like a caso.

# Capitolo 14: Bumble – Quando fa il primo passo lei (ma tu devi essere pronto)

Bumble è spesso descritta come "la Tinder femminista". Il motivo? Semplice: **è l'unica app di dating in cui è la donna a dover scrivere per prima**. E questo cambia le regole del gioco. Se sei abituato ad aprire le conversazioni, qui non puoi farlo: dopo il match, devi aspettare. Ma attenzione, aspettare non significa restare passivo.

In questo capitolo ti spiegherò come usare al meglio Bumble per aumentare le possibilità di match, costruire un profilo che stimoli curiosità, e — soprattutto — **essere pronto al momento giusto**, quando arriva quel primo messaggio da parte sua.

## 1. Capire la dinamica di Bumble

Su Bumble, una volta che c'è il match, il timer si attiva: **24 ore per far partire la conversazione**, e questa responsabilità è tutta sua. Se non scrive, il match scade. E no, non puoi fare nulla per sollecitarla. L'unica opzione è **farti trovare pronto con un profilo che valga la pena di scrivere.**

Non è un'app per chi aspetta passivamente. È per chi costruisce bene la vetrina.

## 2. Il profilo su Bumble: come stimolare la conversazione (da parte sua)

Qui è fondamentale **costruire un profilo che suggerisca già possibili aperture di conversazione**. Le donne sanno che devono scrivere loro, quindi sono spinte a cercare un appiglio. Se il tuo profilo è vuoto o troppo generico, c'è un'alta probabilità che il match scada senza un messaggio.

**Cosa funziona su Bumble:**

- **Una bio che lanci "ami-battute"**
  *"Sei brava nei quiz musicali? Allora siamo già in competizione."*
  *"Accetto solo proposte di brunch, concerti e passeggiate con caffè lungo."*
- **Foto che raccontano qualcosa di te**
  Alterna primo piano, foto intere e situazioni: sport, viaggi, momenti informali. L'ideale è che ogni immagine possa aprire una porta.
- **Prompt creativi**
  Bumble ti propone alcune domande da cui partire. Usale con ironia o personalità.
  Esempio:
  *Domanda: "Il mio talento nascosto è…"*
  *Risposta: "Sbagliare sempre il giorno in cui si cambia l'ora legale"*
- **Invita lei a scriverti con un assist**
  *"Sei tu a dover iniziare, ma ti do una mano: puoi scegliere tra parlare di cinema, cani o burrate."*

Risultato? Le rendi più facile il primo passo. E, nel frattempo, **stai mostrando intelligenza e leggerezza** — due qualità che funzionano su Bumble meglio di qualsiasi addominale.

## 3. Quando arriva il primo messaggio: come rispondere (bene)

La maggior parte dei primi messaggi su Bumble, diciamocelo, **non è memorabile**. Spesso iniziano con un "Ciao :)", un "Come va?" o la classica emoji. Ma non farti scoraggiare: **il primo messaggio non dice nulla, la risposta dice tutto**.

Qui entrano in gioco due cose:

1. **Non lasciare tutto il peso su di lei.**
   Se parte piano, rilancia tu con ironia o curiosità.
   *Lei scrive: "Ciao!"*
   Tu puoi rispondere: *"È iniziato tutto con un 'ciao'. Ti avverto, potremmo finire a parlare di musica anni '90 e gelato al pistacchio."*
2. **Riprendi qualcosa dal suo profilo o dal tuo.**
   Se nel tuo profilo parlavi di viaggi e lei ti ha scritto "Allora, dove si va?", cogli la palla al balzo.
   *"Dipende: preferisci perderti nei vicoli di Lisbona o fare hiking con vista vulcano?"*

L'obiettivo è **trasformare un inizio neutro in una conversazione leggera ma autentica.**

## 4. Errori da evitare su Bumble

- **Aspettare troppo e rispondere tardi**
  Ricorda: anche la tua risposta ha un timer (24 ore). Se perdi l'occasione, il match svanisce. Se davvero ti interessa, rispondi in tempi ragionevoli.
- **Rispondere solo con "e tu?"**
  Evita il ping-pong delle domande standard. Dai qualcosa di tuo, metti in gioco un'opinione o una battuta.
- **Non aggiornare mai il profilo**
  Se usi sempre lo stesso profilo senza mai cambiare bio o foto, rischi di apparire statico. Bumble premia anche l'attività: ogni tanto rinfresca i contenuti.
- **Chiedere subito un contatto esterno**
  Passare a Instagram o WhatsApp va bene, ma solo dopo un minimo di scambio. Altrimenti rischi di sembrare impaziente o poco interessato alla conversazione.

## 5. Come proporre un'uscita su Bumble

Se la conversazione fila liscia, non aspettare settimane. Su Bumble, i contatti che restano troppo online tendono a svanire. Ma attenzione: **la proposta va calibrata.**

Esempi efficaci:

- *"Mi hai convinto: ho bisogno di una guida per scegliere il miglior ramen della città. Hai disponibilità?"*
- *"Il tuo senso dell'umorismo merita un test dal vivo. Hai paura dei quiz da bar?"*

Evita formule troppo vaghe come "Dobbiamo vederci qualche volta" o troppo dirette come "Usciamo domani?". L'ideale è **una proposta concreta, leggera e con un pizzico di ironia.**

## Conclusione: Bumble ti costringe a essere pronto, non perfetto

Il bello di Bumble è che **ti toglie la pressione dell'approccio diretto**, ma ti mette davanti a una sfida più sottile: farti notare **prima** che arrivi quel primo messaggio. È un gioco di pazienza, ma anche di strategia e presenza.

Se impari a costruire un profilo interessante, ad accogliere i messaggi con leggerezza e a portare avanti la conversazione con ritmo, Bumble può diventare uno dei contesti più stimolanti per costruire connessioni vere.

Non aspettare solo che arrivi il messaggio giusto: **costruisci il profilo giusto perché quel messaggio arrivi.** E quando arriva, giocatela bene.

# Capitolo 15: Hinge – L'app per chi vuole (davvero) conoscersi

Lo slogan dell'app è chiaro: "Designed to be deleted". In altre parole, Hinge non vuole che tu ci resti troppo: vuole che trovi qualcuno e te ne vada.

Non è un'app che punta tutto sull'estetica o sul colpo d'occhio. Al contrario, su Hinge si ragiona di più, si osserva meglio, si **legge**. È l'app per chi vuole qualcosa di concreto... ma senza perdere ironia, gioco e quel pizzico di fascino che serve in ogni approccio.

In questo capitolo vedremo come creare un profilo efficace, come rispondere alle famose *prompt*, cosa scrivere per iniziare una conversazione e — ovviamente — cosa evitare per non sembrare un venditore porta a porta del corteggiamento digitale.

## Come funziona Hinge

Hinge funziona in modo diverso rispetto alle altre app. Non si basa solo sullo swipe: **ogni profilo è composto da foto + prompt**, ovvero frasi a cui l'utente risponde per mostrare qualcosa di sé. Gli altri possono mettere un like a una specifica risposta o foto, lasciando un commento.

Questo significa due cose:

1. Hai più tempo e spazio per raccontarti.
2. Ogni interazione è mirata: **non metti like a caso, ma su qualcosa che ti ha colpito.**

È un po' come scrivere un curriculum emotivo. Solo che invece di elencare titoli di studio, dichiari che sei bravo a fare carbonara o che piangi ogni volta che rivedi "Chiamami col tuo nome".

## Costruire un profilo interessante su Hinge

La parte più importante non sono le foto (anche se, ovviamente, aiutano), ma **le risposte ai prompt**. È lì che ti giochi tutto. Il segreto? **Mostrare personalità**. Evita frasi vaghe, citazioni da Baci Perugina o autoelogi da profilo LinkedIn.

**Esempi di prompt e risposte efficaci:**

- **"La mia domenica ideale è…"**
  "Iniziare con un cappuccino fatto male da me, finire con una serie tv che giuro sempre di smettere di guardare."
- **"Un fatto divertente su di me…"**
  "So imitare il rumore delle cassette che si riavvolgono. Non serve a nulla, ma fa sempre colpo sui nostalgici."
- **"Il mio green flag…"**
  "Faccio la spesa con la lista. Ma poi mi faccio sempre tentare dai biscotti. Un equilibrio tra disciplina e debolezze."

Sii onesto, autoironico, e non avere paura di mostrare anche un lato un po' fuori dagli schemi. Su Hinge **vince l'autenticità**, non la perfezione.

## Come iniziare una conversazione su Hinge

Il vantaggio di Hinge è che puoi **commentare direttamente una foto o una risposta**. Questo ti dà un gancio immediato per rompere il ghiaccio. Approfittane. Non limitarti a mettere un like, scrivi qualcosa.

**Esempi di approccio:**

- Risposta a una foto in cucina:
  "Ti vedo molto sicuro con quella padella… domanda seria: sei da risotto cremoso o riso al dente che 'scrocchia'?"
- Prompt: "Il mio guilty pleasure…" Risposta: "Rivedere ogni anno la saga di Twilight"

"Ok, ora la domanda è: Team Edward o Team 'spegni tutto e metti Netflix'?"

- Prompt: "Una cosa che dovresti sapere su di me…"
  Risposta: "Canto sotto la doccia"
  "A questo punto voglio sapere se hai una playlist dedicata. E se sì, la voglio."

Con questi messaggi **entri nel suo mondo**, ma lo fai con leggerezza e curiosità. Mostri attenzione senza forzature.

## Errori comuni su Hinge (e come evitarli)

**1. Risposte banali ai prompt**
Scrivere "Non lo so" o "chiedimelo" è come dire: "Non ho voglia di fare uno sforzo per farmi conoscere". Bocciato.

**2. Troppa formalità**
Frasi impostate, saluti troppo educati, messaggi da curriculum: "Piacere, sono un ragazzo serio e rispettoso" suona finto. Hinge è informale, sii umano.

**3. Commenti forzati o teatrali**
Evita frasi tipo "Sei la donna dei miei sogni" o "Ho letto la tua risposta e ho sentito un brivido". No. Troppo. Troppo presto.

**4. Essere troppo autocelebrativi**
Non serve scrivere che sei "ambizioso, determinato, spirituale e viaggi tanto". Mostralo con esempi, non con aggettivi vuoti.

## Quando (e come) proporre di vedersi

Su Hinge il passaggio all'incontro dal vivo può avvenire abbastanza rapidamente, se la connessione è buona. Dopo qualche giorno di messaggi scambiati con leggerezza, puoi proporre un caffè, un drink o qualcosa di in linea con ciò di cui avete parlato.

**Esempi di proposte semplici e naturali:**

- "Dopo tutto questo parlare di tiramisù, mi sembra il minimo provarne uno insieme e giudicare come veri critici gastronomici."
- "Abbiamo discusso di film e serie, ma secondo me la vera sfida è scegliere un posto dove il vino è buono e l'acustica non rovina le battute."
- "Sei sopravvissuta a due miei giochi di parole. Meriti almeno un caffè premio."

Semplicità, ironia, naturalezza. **Niente pressioni, niente fretta. Solo coerenza con ciò che avete già costruito nella chat.**

## Conclusione: Hinge, il lato umano del dating digitale

Hinge è il posto giusto se sei stanco della superficialità delle app e vuoi qualcosa di più vero, ma senza perdere la leggerezza. È un ambiente che ti premia se sai raccontarti con sincerità, senza sovrastrutture.

In un mondo dove tutti vogliono apparire, Hinge ti invita a **mostrare chi sei davvero.** Se riesci a essere interessante senza ostentare, simpatico senza essere invadente, e curioso senza sembrare un esaminatore, allora sei già sulla buona strada.

E chissà… magari troverai qualcuno con cui condividere il tuo guilty pleasure musicale, o almeno un brunch domenicale con playlist lo-fi in sottofondo.

Fammi sapere se vuoi aggiungere anche qualche prompt extra o mini-bio già pronte da usare su Hinge!

# Capitolo 16: Raya – L'alta società del corteggiamento digitale

Se Tinder è un party aperto a tutti, Bumble è una cena curata e Hinge una chiacchierata tra amici, **Raya è più simile a un club privato con lista d'attesa.** Entrare non è immediato, restarci richiede coerenza, e comunicare all'interno richiede finezza.

Raya è stata lanciata come app "per creativi", ma col tempo è diventata nota per un altro motivo: **ospita influencer, modelli, attori, creativi di successo e... ogni tanto anche qualche comune mortale molto cool.** Non è la tipica app da "match al volo": tutto gira intorno all'immagine, al lifestyle e alla discrezione.

In questo capitolo vedremo come funziona Raya, a chi è rivolta, come si costruisce un profilo che non venga ignorato in due secondi e, soprattutto, **come comunicare nel modo giusto in un contesto in cui anche la forma è sostanza.**

## 1. Cos'è Raya e perché è diversa da tutte le altre

Raya non è un'app dove ti iscrivi e inizi a chattare. Prima di tutto, **devi essere accettato.** La registrazione passa attraverso una lista d'attesa e, spesso, serve una "referenza" da parte di un utente già dentro. Il team dell'app valuta il tuo profilo Instagram, il tuo lavoro, la tua presenza online e decide se sei "in linea" con la community.

Questo rende Raya **esclusiva, ma anche molto estetica:** qui l'apparenza conta, ma non può essere vuota. Essere creativi, interessanti, curati è un requisito. Non devi per forza essere famoso, ma devi avere "qualcosa".

## 2. Costruire un profilo su Raya: meno selfie, più stile

Raya ti permette di creare una slideshow di immagini accompagnate da una canzone. Il tuo profilo sembra quasi un mini video musicale. Il risultato? Hai pochi secondi per colpire, non con un testo, ma **con un'atmosfera**.

Consigli pratici:

- **Evita foto posate da shooting**: meglio scatti naturali, di vita reale, in viaggio, a eventi, in momenti sociali. L'idea è: "Sono interessante, ma non me la tiro (troppo)".
- **Scegli una canzone che racconti chi sei**: non deve essere per forza underground o super ricercata, ma nemmeno inflazionata. Una scelta originale e coerente vale più di mille bio.
- **Non dimenticare la bio testuale**: anche se meno centrale rispetto ad altre app, serve comunque a dare un contesto. Mantieni uno stile sobrio, ironico e vagamente autoironico.

Esempio:
*"Copywriter di giorno, produttore di playlist discutibili di notte. Milano–Lisboa–Spotify. Sì, quella foto era davvero scattata alle 6 del mattino."*

## 3. Come scrivere su Raya senza sembrare fuori posto

Qui si entra nel vivo: **come scrivere il primo messaggio senza sembrare fuori contesto**? Su Raya, la chiave è la discrezione, lo stile e l'understatement. Non sei su un'app casual, quindi evita approcci troppo diretti, commenti fisici o battute eccessivamente spavalde.

Esempi efficaci:

- *"La tua playlist visiva è più interessante di molte vere playlist su Spotify. Posso chiederti il titolo della canzone*

*che hai scelto?"*
→ Mostra attenzione e rispetto per il dettaglio artistico.
- *"Difficile non essere incuriositi da chi passa da Bali a Berlino con questa naturalezza. Qual è il tuo posto preferito finora?"*
  → Rompe il ghiaccio senza essere invadente, fa leva sul lifestyle.
- *"La foto in cui ridi di gusto è la più bella. Il merito è tuo o della battuta che non si vede?"*
  → Leggero, personale, lascia spazio a una risposta giocosa.

Evita assolutamente:

- Frasi troppo aggressive o flirt espliciti.
- Commenti su aspetto fisico (qui funzionano molto poco).
- Messaggi troppo formali: non sei a un colloquio per una galleria d'arte.

## 4. Quando e come proporre un incontro fuori da Raya

Raya ha una regola non scritta: **muoversi con eleganza, anche nel passaggio dal virtuale al reale**. Se la conversazione si sviluppa con naturalezza e l'altra persona risponde con coinvolgimento, puoi valutare di spostarti su un altro canale o proporre un incontro.

Non farlo troppo presto. Raya non è l'app dove "matcho oggi, esco domani". Qui si crea una **relazione più curata**, e spesso ci si scrive per giorni prima di parlare di appuntamento.

Esempio efficace:

- *"Se mai volessi testare se dal vivo ridi come in quella foto, conosco un posto dove fanno il miglior ramen della città (giuro)."*
- *"Ok, abbiamo parlato più di musica che con alcuni miei amici. È un buon motivo per continuare davanti a un bicchiere vero, no?"*

## 5. Raya: stile e autenticità nella stessa app

Potrebbe sembrare che Raya sia tutta estetica. Ma in realtà, **vince chi è coerente**. Chi si presenta bene, ma senza strafare. Chi sa scrivere con stile, ma senza costruire un personaggio. Chi fa percepire la propria personalità attraverso dettagli, riferimenti culturali, curiosità.

In un mondo che premia spesso l'apparenza, **Raya è la dimostrazione che forma e sostanza non devono escludersi**.

## Conclusione: se entri, gioca con stile

Raya non è per tutti, e va bene così. Ma se entri, non trattarla come una qualunque app di incontri. È uno spazio dove l'apparenza serve a filtrare, ma la sostanza è ciò che fa la differenza.

**Mostra chi sei, con ironia, curiosità e misura. E se ti rispondono, gioca la tua carta con leggerezza e intelligenza.**

Perché in un luogo dove tutti vogliono brillare, **vince chi sa illuminare, anche solo con una frase ben scritta**.

# Conclusione – Oltre lo schermo: il corteggiamento come percorso personale

Quando hai aperto questo libro, forse cercavi delle risposte semplici. Magari volevi solo scoprire come scrivere un primo messaggio che funzionasse, capire quale app usare, o trovare la "frase giusta" per ottenere un appuntamento. Ed è giusto così. Il punto di partenza è sempre pratico. È umano volere strumenti concreti, suggerimenti chiari, esempi da seguire. Ma se sei arrivato fino a qui, probabilmente hai intuito che *corteggiare online* è molto più di qualche trucchetto da chat.

È un modo per imparare a comunicare meglio. Per comprendere come presentarsi al mondo. Per entrare in relazione, non solo con l'altra persona, ma anche con te stesso. È uno specchio che riflette le tue insicurezze, le tue aspettative, il tuo desiderio di essere visto, accettato, scelto.

## Corteggiamento digitale, vita reale

In un mondo sempre più connesso, dove tutto sembra veloce, filtrato, e immediato, il rischio è perdere di vista la dimensione umana che sta dietro ogni "profilo". I social, le app di dating, le chat, sono solo strumenti. Potenti, sì. Ma sempre strumenti. Il loro valore non sta nel numero di like o nel tempo di risposta a un messaggio, ma in ciò che permettono di costruire.

Se usati con consapevolezza, possono essere il trampolino per conversazioni profonde, incontri autentici, connessioni significative. Ma senza quella consapevolezza, diventano solo una vetrina sterile, dove tutti cercano attenzione ma pochi cercano davvero *relazione*.

Il corteggiamento digitale è efficace solo se è autentico. E l'autenticità richiede coraggio: di mostrare chi sei davvero, di accettare che non piacerai a tutti, di restare coerente con i tuoi valori anche quando sarebbe più facile imitare chi sembra avere "successo".

## Non inseguire, crea connessioni

Uno degli errori più comuni quando si parla di flirt online è l'atteggiamento dell'inseguimento. Si pensa che basti insistere, trovare la leva giusta, convincere. Ma una relazione — anche solo una conversazione che vale la pena vivere — non nasce dalla pressione. Nasce dall'equilibrio. Dal rispetto. Dalla reciproca volontà di scoprirsi.

Se l'altra persona non risponde, non ti cerca, non mostra interesse… non è un enigma da decifrare. Non è una sfida da vincere. È semplicemente qualcuno che non è in sintonia con te in quel momento. E questo va bene. Anzi, è una buona notizia. Perché significa che non devi perdere tempo ed energie a cercare qualcosa che non esiste. E puoi invece orientarti verso chi *ha voglia* di scoprire chi sei.

## L'equilibrio tra digitale e reale

Usare i social e le app per conoscere nuove persone è ormai normale, e non c'è nulla di sbagliato in questo. Ma attenzione a non restare intrappolato in una dimensione "a distanza", dove tutto è sicuro, controllato, prevedibile. Il vero corteggiamento, quello che lascia il segno, avviene *quando ti esponi.*

Quando decidi di scrivere davvero quello che pensi. Quando accetti di incontrare qualcuno di persona, anche se non sai se scatterà la scintilla. Quando ti mostri vulnerabile, ma con dignità. Quando capisci che non serve essere perfetto per essere interessante.

Il passaggio dal digitale al reale è fondamentale. Perché è lì che il gioco si fa serio. È lì che l'ironia scritta si trasforma in uno sguardo, che il "come stai" diventa una pausa tra un sorso di caffè e una risata. È lì che capisci se c'è davvero connessione. E non serve che tutto vada perfettamente: basta che sia vero.

## Il successo non è un like

Il corteggiamento digitale non ha come fine ultimo la "conquista" — almeno non nel senso più superficiale del termine. Non stai collezionando conferme o approvazioni. Non si tratta di *quante* persone ti rispondono, ma di *chi* ti ascolta davvero. Non si tratta di ottenere attenzioni, ma di *meritarle* con ciò che sei.

Se c'è un messaggio che vorrei lasciarti, è questo: **non devi mai fingere per piacere a qualcuno.** Piuttosto, cerca chi apprezza la tua autenticità. Perché quel tipo di interesse dura più di una conversazione brillante, e va più in profondità di qualsiasi bio ben scritta.

## E ora?

Portati via tutto quello che hai imparato: le strategie, le osservazioni, gli esempi, le riflessioni. Ma soprattutto, portati via un nuovo modo di pensare alle relazioni. Più centrato, più consapevole, più vero.

La prossima volta che aprirai Instagram, Tinder, Hinge o qualsiasi altra piattaforma, non farlo con l'ansia di piacere, ma con la voglia di *incontrare davvero*. E quando capiterà, che sia con un messaggio ironico o con un invito a uscire, ricordati che quello è solo l'inizio. Il bello, il difficile e il meraviglioso accade dopo. Nella realtà. Nei silenzi. Nei sorrisi che non hanno bisogno di emoji.

Non cercare solo di essere interessante. Sii interessato. Non puntare a colpire. Punta a connetterti. E soprattutto: divertiti. Perché l'amore, l'incontro, la seduzione — che avvengano online o davanti a un bicchiere di vino — restano uno dei giochi più seri che possiamo giocare. E vale sempre la pena imparare a farlo meglio.

## Manifesto del Corteggiamento Digitale

**1. Non sei un call center.**
Se lei non risponde, non richiamare 8 volte con messaggi diversi. Il silenzio è già una risposta.

**2. Il "ciao" secco è come entrare in un bar e non ordinare nulla.**
Fallo solo se vuoi rimanere seduto da solo.

**3. Se non ti farebbe ridere ad alta voce, non mandarlo.**
L'umorismo forzato non è simpatia. È cringiata garantita.

**4. Ogni profilo è una persona, non un enigma da decifrare.**
Non devi "conquistare", devi *capire* se c'è sintonia.

**5. Evita frasi da bacio Perugina.**
"Sei stupenda" senza un perché è come una torta senza farcitura. Già vista, già sentita.

**6. L'interesse si mostra con attenzione, non con pressione.**
Un messaggio ben pensato vale più di venti reaction casuali.

**7. Non essere un'altra notifica.**
Fai in modo che quando arriva un tuo messaggio, lei voglia davvero aprirlo.

**8. Cura il profilo come cureresti un primo appuntamento.**
Non serve essere perfetto. Basta non essere trascurato.

**9. Quando parli con qualcuno, chiudi le altre tab.**
Nessuno vuole essere l'opzione numero 3 in una chat multitasking.

## 10. E soprattutto… esci.

Spegni il telefono, vivi. Se tutto va bene, il miglior messaggio sarà quello che non dovrai mai più scrivere.